MARLIES SCHILLER

Kreative
Kinder
Geburtstage
feiern

BASTELN | BACKEN | SPIELEN

Ravensburger Buchverlag

Inhalt

Für Kinder von 4-5 Jahren

Mottogeburtstage

Für Kinder von 6-7 Jahren

Mottogeburtstage

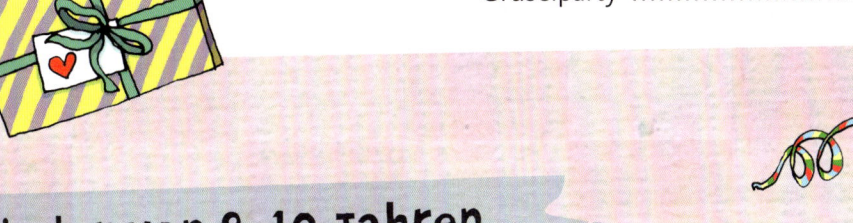

Für Kinder von 8-10 Jahren

Mottogeburtstage

Bevor es losgeht

Der Kindergeburtstag – Hauptsache, es wird schön!

Über Geburtstagsgeschenke freuen sich Kinder natürlich sehr, aber noch mehr genießen sie es, mal so richtig im Mittelpunkt zu stehen. Die Geburtstagsparty mit den gleichaltrigen Freunden ist für sie mindestens genauso wichtig: ein einzigartiger Nachmittag mit viel Spaß, Unterhaltung, lustigen Spielen und vielen Überraschungen. Leckere Kuchen und Snacks dürfen natürlich auch nicht fehlen. Möglich machen das wir Eltern. Wir legen uns mit viel Liebe, Lust und Engagement ins Zeug, damit dieses tolle Fest auch gelingt.

Der Geburtstag rückt näher ...

Natürlich können es sich Eltern auch einfach machen und externe Unterhaltungsangebote wie Bowlingbahn, Malschule, Kletterwand oder Reiterhof buchen. Dort ist es aber oft schwierig, den Überblick über die Meute zu behalten, und etwas unpersönlich ist es auch. Nicht nur praktische und finanzielle Überlegungen bewegen dazu, den Kindergeburtstag selbst und in den eigenen vier Wänden auszurichten. Es macht auch sehr viel Freude, dem Kind damit unsere Liebe und Wertschätzung zu zeigen. Alle Kinder freuen sich darüber, wenn sich Eltern etwas „Eigenes" einfallen lassen.

Alles eine Frage der Vorbereitung

Was soll es beim Fest zu essen geben? Wie kann ich für drei Stunden die Kinder beschäftigen? Und haben wir überhaupt genug Platz? Es gibt keinen Grund nervös zu werden. Planung und Organisation sind dabei das A und O. Gut vorbereitet und mit dem richtigen Unterhaltungskonzept absolviert ihr diese Herausforderung erfolgreich! Verteilt die notwendigen Vorbereitungen für die Spiel- und Bastelaktivitäten, Dekoration und Verpflegung über einen Zeitraum von drei Wochen, dann bleibt es stressfrei.

Über das Buch

Meine jahrelangen Kindergeburtstags-Erfahrungen mit Krimis, Verkleidungen, Schatzsuchen und Basteleien sind in dieses Buch eingeflossen. Die Spiel-, Bastel- und Rezeptideen sind nach Altersstufen sortiert. Hierbei handelt es sich um Empfehlungen. Verwendet das Buch als Fundgrube und schaut selbst, was euch anspricht oder eurem Kind gefallen könnte.

Und noch etwas: Der Kindergeburtstag muss nicht bis zur letzten Minute durchgetaktet sein, die Kinder freuen sich nach einem tollen Unterhaltungsprogramm auch über eine halbe Stunde freies Spielen.

Ich wünsche euch viel Spaß und gutes Gelingen!

Marlies Schiller

Die Autorin

Ich liebe Selbermachen und Selbstgemachtes! Schon als Kind probierte ich immer wieder Neues aus: Ich bastelte, malte, modellierte, backte, hämmerte, webte und nähte. Als Designerin, Buchautorin und Redakteurin habe ich mich ganz meiner DIY-Leidenschaft verschrieben. In Büchern, Kreativ-Workshops und in Fernsehbeiträgen gebe ich Techniken und mein Know-how weiter und zeige, wie man ganz leicht schöne Dinge schaffen oder aus alten Sachen etwas Neues zaubern kann.

10 Tipps für einen stressfreien Kindergeburtstag

1. Sprecht zusammen mit dem Geburtstagskind ab, wie ihr die Party gestalten wollt. Bindet es bei den Vorbereitungen mit ein. Es kann gerne schon bei Basteleien und den Einladungskarten mithelfen, das erhöht die Vorfreude.

2. Ladet möglichst nur so viele Gäste ein, wie das Geburtstagskind alt wird. Haltet das Fest einfach und überschaubar - und damit so stressfrei wie möglich. Denn auch für das Geburtstagskind ist der eigene Geburtstag nicht nur Freude, sondern auch Anspannung.

3. Ladet die Eltern nicht mit ein, denn für die habt ihr keine Zeit. Die können dann noch bei der Abholung ein Stück Kuchen bekommen!

4. Sehr belebte Spielplätze sind kein guter Ort zum Feiern. Der Tumult lenkt ab, stört und schnell verliert man den Überblick über die Truppe.

5. Legt die Anfangs- und Abholzeit fest. Bei jüngeren Kindern sind 2 Stunden zum Feiern und Spielen ausreichend, bei älteren dürfen es bei abwechslungsreichem Programm und inklusive Abendessen auch mal bis zu 4 Stunden sein.

6. Kinder lieben selber machen. Entscheidet euch für eine altersgerechte Bastelei, Koch- oder Backaktion, die in ca. 1-1,5 Stunden absolviert werden kann. Nicht länger, dann wird's unruhig.

7. Beschäftigt die Kinder mit abwechslungsreichen und lustigen Spielen, Rätseln oder Basteleien. Bei Leerlauf kommt es schnell zu Langweile oder auch Getobe.

8. Manchmal kommt es vor, dass ein Kind trotz aller Bemühungen nicht mitspielen möchte; dann pausiert es eben. Bietet ihm etwas anderes zum Spielen oder Malen an, aber bleibt ansonsten bei eurem Programm. Und für den Fall, dass ein Kind früher nach Hause möchte, ist es sinnvoll, die Telefonnummern der Eltern parat zu haben.

9. Bereitet kindgerechte, einfache Gerichte und Portionen zu: Unkompliziert zu essen, lieber Altbekanntes als Exotisches – beim Essen sind Kinder meist nicht so experimentierfreudig…

10. Verteilt Preise oder Süßigkeiten bei den Spielen. Wenn die Gäste sich später verabschieden, bekommen sie noch eine kleine gefüllte Gästetüte mit auf den Weg.

Der Geburtstags-Countdown läuft ...

2-3 Wochen vorher

Motto und Ort: Überlegt mit dem Geburtstagskind, wie es seinen Geburtstag feiern möchte. Soll es ein Mottogeburtstag werden? Zu welcher Jahreszeit wird gefeiert? Soll drinnen oder draußen gefeiert werden? Dementsprechend stellt ihr mithilfe dieses Buches euer Partyprogramm zusammen.

Draußen feiern: Der Platz in der Natur (z. B. im Park, auf der Wiese oder im Wald) sollte nicht zu weit entfernt und für alle Besucher gut erreichbar sein.

Schlechtes Wetter: Wenn ihr draußen feiern möchtet, überlegt euch einen Notfallplan für den Fall, dass das Wetter nicht mitspielt.

Einladungen: Wer soll alles kommen und wie sollen die Einladungskarten aussehen? Bastelt passende Karten zum jeweiligen Motto und verteilt oder verschickt sie spätestens 2 Wochen vor dem Partytermin.

Anfahrt: Gebt bei Feiern in der Natur jedem Gast eine klare Anfahrtsbeschreibung, Skizze oder Kopie einer Landkarte mit.

Eine Woche vorher

Einkäufe I: Kauft Bastel- und Dekorationsmaterial sowie Preise oder kleine Geschenke für Gästetüten ein. Auch alle nicht frischen Lebensmittel und Getränke können bereits besorgt werden.

Sicherheit: Macht den Raum, in dem gefeiert werden soll, „spielsicher": Schafft Platz und räumt Zerbrechliches, Empfindliches oder mögliche Verletzungsquellen vorsichtshalber fort.

Unterstützung: Im Idealfall betreuen 2 Erwachsene einen Kindergeburtstag. Während einer mit den Kindern spielt oder bastelt, hat der andere z. B. Zeit, sich um die Bewirtung zu kümmern. Bittet Verwandte, Freunde oder auch Eltern der Gastkinder um Unterstützung.

Basteln: Mit allem, was ihr selbst basteln wollt, solltet ihr spätestens jetzt beginnen: Dekoration, Geburtstagstisch, Gästetüten oder auch Auszeichnungen. Füllt die Gästetüten schon einmal auf.

Checkliste: Haben schon alle Gäste zugesagt? Sprecht bei kleineren Kindern noch mal kurz mit den Eltern, ob es etwas zu beachten gibt, z. B. Allergien und Unverträglichkeiten. Lasst euch ggf. die Telefonnummern geben.

Einen Tag vorher

Einkäufe II: Kauft frisches Obst, Gemüse oder Fleischwaren ein.

Backen: Kuchen und Torten sollten heute gebacken und dekoriert werden.

Ablauf: Für den reibungslosen Ablauf legt ihr euch alle Utensilien und Materialien zum Spielen und Basteln bereit. Denkt beim Basteln auch an Unterlagen und alte Hemden, Schürzen oder T-Shirts zum Schutz von Kleidung und Möbeln.

Deko: Räumt den Partyraum auf, dekoriert ihn und baut den Geburtstagstisch auf.

Fotos: Denkt an eine aufgeladene Kamera! Wäre doch schade, wenn's anschließend keine Fotos von der tollen Party gibt.

Am Tag der Geburtstagsfeier

Frisches: Alle frischen Speisen werden nun vorbereitet und letzte Hand angelegt. Baut Speisen und Getränke entweder als Büfett oder als gedeckte Kuchentafel auf.

Abendessen: Entweder bereitet ihr Häppchen und Sandwiches morgens vor der Feier vor, oder ihr macht Burger, Hotdogs oder Pizza, während eine andere Person noch mit den Kindern spielt.

Pappdeckel-Einladungskarten

Beim Basteln der eigenen Einladungskarten kommt beim Geburtstagskind die große Vorfreude auf. Und die Gäste freuen sich schon auf eine tolle Feier.

Das brauche ich

★ Pappdeckel (Bastelladen)
★ farbiges Papier oder Fotokarton
★ Sticker
★ Klebestift
★ Bunt- oder Wachsstifte
★ Tütenverschlüsse oder Basteldraht
★ spitze Schere
★ Partyartikel, Lutscher oder kleine Plastik-
figuren (passend zum Geburtstagsmotto)

So geht's

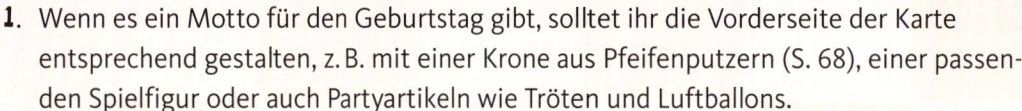

Für die Einladungskarten könnt ihr auch gebrauchte Bierdeckel verwenden, diese müsst ihr dann erst mit buntem Papier bekleben.

1. Wenn es ein Motto für den Geburtstag gibt, solltet ihr die Vorderseite der Karte entsprechend gestalten, z. B. mit einer Krone aus Pfeifenputzern (S. 68), einer passenden Spielfigur oder auch Partyartikeln wie Tröten und Luftballons.

2. Bohrt zur Befestigung zwei kleine Löcher mit einer spitzen Schere in den Pappdeckel und fädelt ein Stück Draht durch sie hindurch. Mit dem Draht wird der Gegenstand an der Karte befestigt, indem beide Enden auf der Rückseite des Deckels miteinander verdreht werden.

3. Ohne Motto werden die Deckel frei gestaltet z. B. mit der Jahreszahl oder einem lustigen Foto des Geburtstagskindes.

4. Auf die beklebte Rückseite schreibt ihr den Einladungstext mit Name, Datum, Uhrzeit und Ort der Feier sowie weiteren wichtigen Informationen (z. B. zu Motto oder Kostümierung).

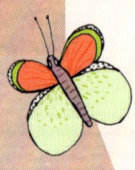

Luftballon-Blumen und mehr

4–5 Jahre

Das brauche ich

★ Luftballons (mittlere Größe)
★ Schere
★ feste Schnur
★ ggf. eine Ballonpumpe

So geht's

1. Blast Luftballons auf und verknotet die Enden. Bei vielen Ballons, Kindern und Partys lohnt sich auch eine Luftballonpumpe.

2. Knotet die Luftballons dicht an dicht an eine durch den Raum gespannte Schnur. Oder ihr befestigt an jeden Ballon eine Schnur, nehmt die Schnüre zusammen und hängt die Ballons als bunte Trauben über den Tisch.

Eine Ballonblume:

1. Pro Blume benötigt ihr fünf gleiche Luftballons und einen andersfarbigen. Blast die Ballons gleich groß und nicht zu fest auf. Verdreht oder verknotet jeweils von zwei gleichfarbigen Luftballons die Mundstücke miteinander.

2. Nehmt noch zwei weitere gleichfarbige Ballons dazu und verdreht alle vier miteinander. Zum Schluss werden noch die zwei restlichen Luftballons mit hineingesteckt und so verdreht, dass der andersfarbige Ballon in der Mitte steckt. Die Blumen hängt ihr zur Deko an die Wände.

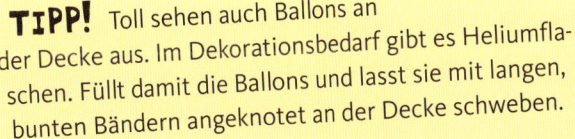

TIPP! Toll sehen auch Ballons an der Decke aus. Im Dekorationsbedarf gibt es Heliumflaschen. Füllt damit die Ballons und lasst sie mit langen, bunten Bändern angeknotet an der Decke schweben.

Geburtstagstisch

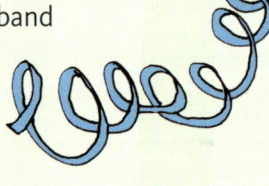

4–5 Jahre

Das brauche ich

★ einen kleinen rechteckigen Tisch
★ kleine Kartons, z. B. Schuhkartons
★ buntes Krepp-, Geschenk- oder Zeitschriftenpapier

★ eine ca. 1 m lange Stange
★ Klebstoff und Klebeband
★ feste Schnur
★ buntes Tonpapier

So geht's

1. Wer keinen geeigneten Tisch zu Hause hat, nimmt einfach einen festen großen Karton. Den Karton / Tisch an eine Wand stellen und mit einer passenden Decke, einem Stück Stoff bzw. Krepp- oder Geschenkpapier komplett abdecken.

2. Auch ein kleines Podest für z. B. den Geburtstagskuchen macht sich auf der Tafel gut: dafür einen oder mehrere flache Kartons (z. B. Schuhkartons) mit Papier einpacken und auf dem Tisch platzieren.

3. Für die vordere Seite des Tischs jetzt noch eine Girlande (S. 66) mit dem Namen des Geburtstagskinds basteln. Dazu die einzelnen Buchstaben aus Tonpapier oder Pappe ausschneiden und mit einer Nadel auf eine Schnur reihen. Die Girlande rechts und links am Tisch befestigen.

4. Perfekt ist der Tisch mit einer bunten Rückwand: dafür lange Krepppapierbänder dicht an dicht an einen Besenstiel oder eine Bambusstange knoten und mit zwei Nägeln an die Wand hängen.

5. Und die Jahreszahl darf natürlich nicht fehlen: Schneidet sie aus Pappe aus und hängt sie mit einer Schnur an die Krepp-Rückwand.

Bunte Party-Tischdecke

Das brauche ich

★ Pack- oder buntes Tonpapier von der Rolle
★ Schere
★ dicke Bunt- und Wachsstifte
★ Gläser

So geht's

Eine Tischdecke zum Bemalen macht auf jeden Fall mehr Spaß als eine, die man nicht bekleckern darf. Darum spart euch die gebügelte Tischdecke und greift zu Papier.

1. Rollt das Papier auf dem Tisch aus, sodass es wie eine Tischdecke an allen vier Kanten überhängt. Ist die Rolle nicht breit genug, wird einfach in der Mitte angesetzt.

2. Mit dicken Stiften können nun das Geschirr, die Sitzordnung und die Namen der Kinder aufgemalt werden. Oder ihr bemalt bzw. bestempelt das Papier mit bunten Punkten, Herzchen, Smileys und Motiven passend zum Partymotto.

3. Wer noch etwas Muße und Lust am Basteln hat, schneidet die Kanten der Papierdecke wellenförmig zurecht oder legt mit ein paar Zeichnungen schon mal vor. Gläser mit Stiften dürfen auf dem Tisch natürlich auch nicht fehlen.

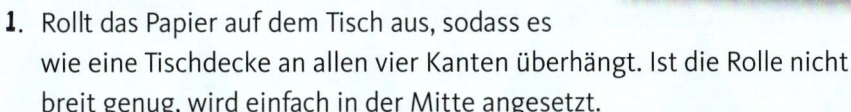

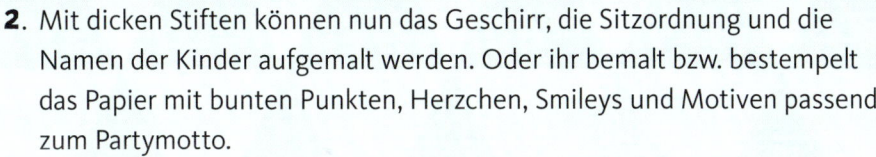

Spielfiguren-Kuchen

Rezept

Das brauche ich

* 4 Eier
* 2 Tassen Zucker
* 1 Päckchen Vanillezucker
* 4 Tassen Mehl
* 1 Päckchen Backpulver
* 1 Tasse Pflanzenöl

* 1 Tasse Orangenlimonade
* Backpapier
* Puderzucker
* Saft einer ausgepressten Zitrone
* Kokosraspel
* Lebensmittelfarbe

So geht's

1. Für die Insel benötigt ihr zwei unterschiedlich große Springformen. Für die kleinere könnt ihr auch ein kleines Metallschälchen oder eine feuerfeste Schüssel verwenden. Fettet die Formen ein und legt sie zusätzlich mit Backpapier aus.

2. Rührt mit einem Handmixer Eier, Zucker und Vanillezucker schaumig, siebt Mehl und Backpulver dazu, anschließend Öl und Limonade hinzugeben. Je nach Geschmack können auch noch Schokotropfen, bunte Zuckerstreusel oder auch ein paar Tropfen Speisefarbe in den Teig gemischt werden. Der weiche Teig wird auf die beiden Formen verteilt und ca. 30 Minuten bei 180° gebacken. Wenn der Kuchen ausgekühlt ist, nehmt ihr ihn aus der Form.

3. Verknetet ein Schälchen mit Kokosraspeln mit etwas gelber Speisefarbe. Rührt ein Schälchen voll Puderzucker mit etwas Zitronensaft zu einem Zuckerguss an und bestreicht damit den kleineren Kuchen. Streut die gelben Kokosraspel über den feuchten Guss. Gebt etwas blaue Speisefarbe zu dem restlichen Zuckerguss und streicht ihn auf den größeren Kuchen.

4. Schneidet in die Mitte des größeren Kuchens ein ca. tassengroßes Loch und füllt es mit Schokolinsen oder anderen süßen Überraschungen.

5. Setzt nun den kleineren Kuchen auf den größeren und dekoriert ihn mit Spielfiguren. Beim Anschneiden kommt dann der Süßigkeiten-Schatz zum Vorschein!

TIPP! Ihr könnt den Kuchen passend zum Thema eurer Mottoparty beliebig abwandeln und den Teig in einer geeigneten Form backen: in einem tiefen Backblech für ein Fußballfeld, in einer Kastenform für eine Schatztruhe oder Ritterburg usw.

Kleine Spieße

4–5 Jahre

Das brauche ich

★ Zahnstocher und Holzspieße

★ für herzhafte Spieße: Mini-Tomaten, Mini-Mozzarella, Käsewürfel, Miniwürstchen, Mini-Salami, Cornichons, Fleischbällchen, Mini-Brötchen, Cracker, Gurken, Paprika, Weintrauben, Oliven, Radieschen …

★ für Fruchtspieße: Melone, Äpfel, Birnen, Bananen, Erdbeeren, Trauben …

So geht's

Stellt würzige und süße Häppchen zusammen. Spießt dafür 3–4 mundgerechte Zutaten auf. Was nicht mundgerecht ist, wird entsprechend zurechtgeschnitten.

Klassiker: Kinder mögen es nicht zu exotisch, auf der sicheren Seite seid ihr mit Klassikern wie Tomate-Mozzarella-Basilikum, Hackfleischbällchen-Gurke und Kräuterbutter-Baguette-Miniwürstchen.

Gemüseschiffe: Halbiert eine Salatgurke der Länge nach, entkernt sie mit einem Löffel und schneidet die Hälften in 1–2 cm breite Schiffchen. Diese bestreicht ihr mit Frischkäse und piekst mit einem Zahnstocher noch als „Segel" Basilikumblätter, Mini-Tomaten, Möhrenscheiben, Oliven oder Paprikastreifen hinein.

Fruchtspieße: Schneidet eine Melone in ca. 1 cm breite Scheiben und stecht mit einem kleinen Keksausstecher Sterne, Herzen oder andere Motive aus dem Fruchtfleisch aus. Spießt die Melonenstücke mit anderem Obst auf einen Holzspieß. Angeschnittenes Obst wie Bananenscheiben, Apfel- oder Birnenschnitze sollten schnell verzehrt werden – bevor sie braun werden.

TIPP! Die kurzen Spieße stellt ihr auf eine Platte oder ein Brettchen, die langen Spieße legt ihr hin oder stellt sie in Gläsern auf. Oder ihr piekst sie dicht an dicht in eine halbe Melone.

Mini-Häppchen

Oft ist das Auge größer als der Hunger. Portioniert deshalb Süßes und Herzhaftes in ansprechende kindgerechte Mini-Häppchen und Spießchen.

Das brauche ich

★ Muffin- und Pralinenförmchen aus Papier oder Pappe
★ kleine Gläser oder Becher
★ Servietten oder Tortenuntersetzer
★ Espressotassen-Untersetzer, Puppengeschirr ...

So geht's

Die Mini-Portionen essen die Gäste gleich aus der Hand, zwischendurch vom schön dekorierten Geburtstags-Büfett oder gemeinsam am Tisch.

Ihr benötigt für jede Speise ein passendes Behältnis und etwas Dekoration. Wo es sich anbietet, können die Dinge auch auf einer Serviette platziert werden.

In die kleinen Formen portioniert ihr:

· kleine Rührkuchenstücke mit einem Klecks Schlagsahne, ein paar Beeren oder bunten Streuseln obendrauf
· Mini-Windbeutel (aus dem Tiefkühlfach) mit Erdbeer- oder Himbeersoße
· Snacks wie Popcorn, Chips, Nüsse oder Obst
· Süßigkeiten als Preise für Spiele
· Nachtisch wie z. B. Quarkcreme, Götterspeise oder Eis
· kleine Baguettescheiben z. B. mit Kräuterbutter, Rührei oder mit Käse überbacken
· Cracker mit Kräuterquark oder Kräuter-Frischkäseaufstrich und Mini-Tomate oder Gurke
· gemischte Rohkost (Möhren, Gurke, Stangensellerie) in Scheiben oder Stifte geschnitten

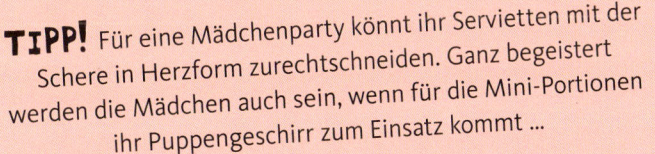

TIPP! Für eine Mädchenparty könnt ihr Servietten mit der Schere in Herzform zurechtschneiden. Ganz begeistert werden die Mädchen auch sein, wenn für die Mini-Portionen ihr Puppengeschirr zum Einsatz kommt ...

Süßigkeiten-Ketten

4–5 Jahre

Hier hilft das Geburtstagskind bestimmt gerne mit, Süßigkeiten auf Ketten zu ziehen.

Das brauche ich

★ feste Schnur, z. B. Zwirn
★ Süßigkeiten zum Auffädeln, z. B. Ringe, Schnuller, Gummitiere oder auch Popcorn
★ spitze Stopfnadel

So geht's

1. Süßigkeiten mit Loch wie z. B. Schnuller oder Ringe nacheinander auf die Schnur ziehen oder fest anknoten. Achtet darauf, dass die Kette lang genug für die Kinderköpfe ist.

2. Wenn die Süßigkeiten nicht zum Auffädeln geeignet sind, dann knotet ihr Lutscher und verpackte Bonbons einfach an eine Schnur.

3. Fädelt weiche Süßigkeiten ohne Loch wie Gummitiere, Marshmallows oder Popcorn mit einer Nadel auf.

4. Die Fadenenden der fertigen Kette verknoten.

TIPP! Ihr könnt die süßen Ketten auch als Preis für Spiele vergeben. Wer am Ende die meisten Ketten hat, ist der Sieger. Der bekommt dann zusätzlich noch eine gestaltete Papp-Medaille (S. 69).

Mini-Bilderrahmen

Das brauche ich

★ Bastelhölzer (Bastelladen)
★ Klebstoff oder Bastelleim
★ flache Pinsel

★ Perlen, Glitter, Schmucksteine, Pailletten
★ Filzstifte oder Effektstifte (mit Glitter)
★ Schnur oder Stoffband zum Aufhängen

So geht's

Aus jeweils 4 Bastelhölzern klebt jedes Kind einen kleinen Bilderrahmen zusammen. Wer schnell ist, schafft auch mehrere.

1. Tropft an die Enden von zwei Stielen je einen Klecks Klebstoff, die beiden anderen Stiele werden mit ihren Enden auf die geleimten Flächen gelegt, sodass ein Quadrat entsteht. Die Bastelhölzer aufeinanderdrücken und ein paar Minuten trocknen lassen.

2. Jetzt wird der Rahmen ganz nach Geschmack dekoriert und mit Glitzersteinen und Pailletten beklebt. Für größere Glitzerflächen den Leim mit dem Pinsel auftragen und Glitterpulver darüberstreuen. Dabei den Rahmen über eine Schale halten und damit das überschüssige Glitterpulver auffangen.

3. Zur Gestaltung der Rahmen können auch Stifte zum Einsatz kommen, mit denen die Bastler Muster, Punkte und Linien aufmalen.

4. Zum Schluss klebt ihr noch eine kleine Schlaufe aus dünner Schnur zur Aufhängung an die Rückseite des Rahmens.

TIPP! Macht für die Rahmen von jedem Kind auf der Geburtstagsparty noch ein schönes Foto. Druckt sie entweder mit dem Farbdrucker aus oder lasst sie in den nächsten Tagen für die Kinder entwickeln.

Wäscheklammer-Puppen

Das brauche ich

- ★ pro Kind 2–3 Rundkopfklammern (Bastelladen)
- ★ Bastelfilz, Stoff- und Wollreste
- ★ Glitzerpapier
- ★ Scheren

- ★ Klebstoff
- ★ Filzstifte und Fineliner
- ★ buntes Klebeband
- ★ Pailletten und Glitter
- ★ Schablone Nr. 1a und 1b

So geht's

1. Aus Stoffresten schneiden die Kinder Kleidungsstücke wie einen Rock, Hose oder Schal zurecht. Haltet die Stücke an die Puppe und nehmt so Maß. Dann werden die Kleidungsstücke mit Klebstoff an die Holzpuppe geklebt.

2. Ihr könnt auch das Holz mit Leim einstreichen und mit Wollfaden für z. B. einen Pullover umwickeln. Oder ihr malt die Kleidungsstücke mit Filzstiften auf und verziert sie dann noch. Wer mag, kann für die Kleidung auch gemustertes Klebeband verwenden.

3. Für das Haar klebt ihr Wollfäden oben auf den Kopf. Denkt euch eine schöne Frisur aus! Mit den Filzstiften werden Gesichter auf die runden Köpfe gemalt.

4. Zum Schluss könnt ihr noch die Puppen mit kleinen Perlen, Glitter, Pailletten, Ketten oder Bändern schmücken und bekleben.

TIPP! Für Meerjungfrau oder Elfe findet ihr zum Abpausen Vorlagen für einen Flossenschwanz (1a) und Flügel (1b) auf der letzten Seite. Schneidet die Formen aus Glitzerpapier aus und klebt Flügel auf den Rücken, und die Flosse in den Schlitz der Wäscheklammer.

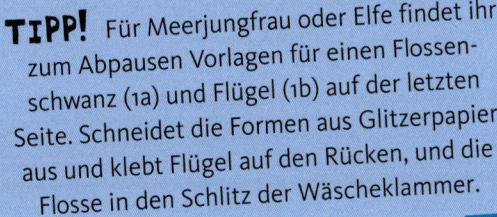

Seifenblasen-Spaß

Der Hit für eine Kindergeburtstags-Gartenparty: Riesen-Seifenblasen oder Schaumwürste.

Das brauche ich

* Eimer
* ¼ Flasche Spülmittel auf 1 Liter Wasser
* 1 EL Kleister
* Frisbee-Scheibe oder flache Kunststoffschale
* ein paar einfache Kescher (z. B. aus dem 1-€-Shop)
* kleine Plastikflasche
* Plastik-Trinkhalme
* Schere
* alte Socke

So geht's

Schaumwürste: Schneidet den Boden der Plastikflasche mit einer Schere ab und stülpt eine Socke über diese Öffnung. Die Kinder tauchen das Flaschenende mit der Socke in die Seifenlauge und pusten jetzt in die Flaschenöffnung; eine Schaumwurst entsteht.

Mini-Seifenblasen: Haltet mehrere Trinkhalme in der Hand, taucht sie in die Seifenlösung und pustet hinein.

Riesen-Seifenblasen: Rührt Wasser, Spülmittel und Kleister an und lasst die Flüssigkeit über Nacht ruhen. Entfernt das Netz aus dem Kescher. Füllt am nächsten Tag die Frisbee-Scheibe mit Seifenlauge. Die Kinder tauchen nun ihre Kescher in die Lauge, schwenken sie durch die Luft und formen so Riesen-Seifenblasen.

TIPP! Rührt gleich eine größere Menge Seifenblasen-Flüssigkeit an. Dann bekommt jedes Kind als Gastgeschenk ein kleines Schraubglas mit Seifenlauge und einen Pustering. Den Pustering biegt ihr aus Pfeifenputzern; die gibt es in jedem Bastelladen.

Höhlen bauen

4–5 Jahre

Höhlen bauen ist ein Selbstläufer; das macht besonders jüngeren Kindern einen Riesenspaß. Stellt das Material bereit und schon legen die Kleinen los.

Das brauche ich

* Tisch
* große Kartons
* Decken oder Laken
* Kissen
* Paketklebeband
* Schere oder Cuttermesser

So geht's

1. Aus einem Esstisch baut ihr ruckzuck eine Riesenhöhle. Die Seiten werden mit Decken und Laken abgehängt. Zum Beschweren aber keine Gegenstände verwenden, die fallen schnell vom Tisch. Befestigt stattdessen die Decken mit Paketklebeband am Tisch.

2. Die Tischhöhle kann jetzt noch um weitere Pappkarton-Räume ergänzt werden. Die Fenster- und Türöffnungen werden mit Schere in den Karton geschnitten. Helft den Kindern ggf. mit einem Cuttermesser dabei. Mit Klebeband verbinden die Kinder die einzelnen Kartons zu Räumen.

3. So richtig gemütlich wird es in der Höhle mit vielen Kissen und einer Hängematte. Hier brauchen die Kinder Hilfe: Schlingt ein großes Laken um die schmale Seite des Tischs und macht oben auf der Tischplatte einen festen doppelten Knoten hinein. Unter dem Tisch hängt nun die Hängematte.

Wenn ihr jetzt noch einen kleinen Imbiss in die selbst gebaute Höhle reicht, ist die Party perfekt!

TIPP! Eine Tischhöhle ist auch ein toller Platz für eine Übernachtungsparty. Je nach Größe schlafen unter dem Tisch 3–5 Kinder bequem und glücklich auf Matratzen oder Isomatten.

Selbst gemachte Knete

Mit einfachen Zutaten können Kinder Knete in ihren Lieblingsfarben selbst herstellen und damit spielen und modellieren.

Das brauche ich

- ★ 4 Tassen Mehl
- ★ ½ Tasse Salz
- ★ 1 Tasse lauwarmes Wasser
- ★ 2 EL Öl
- ★ Lebensmittelfarbe
- ★ Kunststoffschüsseln zum Kneten

So geht's

Legt die Arbeitsfläche mit einem Wachstuch aus oder verteilt Kunststoffschüsseln.

1. Zwei Kinder können hier zusammen arbeiten: Eines misst die Zutaten ab, das andere fängt an zu kneten; zuerst in der Schüssel, später auf der Tischfläche.

2. Den Knetkloß dann in 2–3 Portionen teilen, jeweils eine Vertiefung hineindrücken und dort ein paar Tropfen Lebensmittelfarbe hineingeben. Die Öffnung zudrücken und kneten, bis die Farbe gleichmäßig verteilt ist. Ist der Ton nicht kräftig genug, noch etwas mehr Farbe hinzugeben. Es können auch gerne Farben gemischt werden. Keine Angst: Farbe an den Händen lässt sich problemlos mit Seife abwaschen.

3. Anschließend wird damit geformt und gespielt. Ein Kind kann sich z. B. etwas ausdenken und kneten, die anderen müssen raten, was es ist. Mit Besteck können die Kinder die Knete gut formen und schneiden.

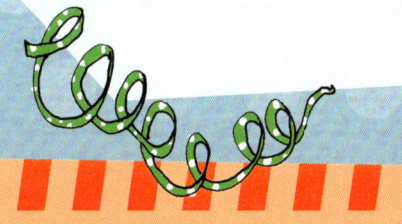

TIPP! Die Knete im Kühlschrank in einer verschließbaren Plastikbox oder Tüte aufbewahren, so bleibt sie eine Weile feucht und frisch.

Party-Musikband

4-5 Jahre

Aus Recyclingmaterial und Haushaltsgegenständen bastelt ihr ruckzuck Musikinstrumente für die Partyband.

Das brauche ich

* Recycling-Material: Blechdosen, kleine Schachteln, Papprollen, Schraubgläser, PET-Flaschen ...
* Pergamentpapier
* Reis, Linsen oder andere Hülsenfrüchte
* Gummibänder
* Malerkrepp
* Schere
* feste Schnur
* unverwüstliche Haushaltsgegenstände wie Topfdeckel, Plastikbecher, Reiben, Siebe, Besteck ...

So geht's

Trommeln:

Mit Klebeband klebt ihr unterschiedlich große Blechdosen rundherum zu einem „Schlagzeug" zusammen. Getrommelt wird mit Kochlöffeln, Stöcken oder Händen (das ist weniger laut).

Rasseln:

1. Verschließbare Gläser, Filmdosen oder Plastikflaschen werden mit Reis oder Linsen gefüllt. Die Kinder können nun mit den Füllungen und den verschiedenen Tönen experimentieren.

2. Ein Ende einer Papproröhre wird mit einem Stück Pergamentpapier abgedeckt. Zur Befestigung streift ihr einfach ein Gummiband darüber.

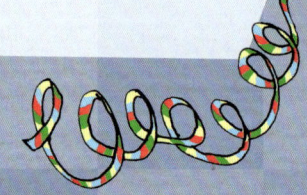

Einen Löffel Reiskörner in die Röhre füllen und das andere Ende dann ebenfalls mit Pergamentpapier verschließen. Die Röhre zum Rasseln hin und her schütteln.

Ein Einhand-Mehlsieb kann auch prima für die Percussion verwendet werden. Immer wenn ihr drückt, gibt es ein Geräusch.

Die Besenstiel-Triangel:

1. Legt einen Besenstiel über zwei Stuhllehnen. An den Besenstiel hängt ihr nun verschiedene Blech- und Plastikhaushaltsgegenstände mit fester Schnur auf.

2. Schlagt vorsichtig mit einem Löffel oder Messerrücken im Rhythmus dagegen. Die hängenden Gegenstände erzeugen die unterschiedlichsten Töne.

Und so wird gespielt: Die Kinder begleiten entweder ihre Lieblingsmusik vom Band oder ein Kind gibt einen Rhythmus vor, z. B. lang-kurz-kurz-lang, die anderen Kinder stimmen mit ein. Das geht reihum, wobei die Schwierigkeit gerne auch zunehmen darf.

TIPP! Zum Abschluss könnt ihr mit dem Handy noch ein kleines Musikvideo von der Musiktruppe drehen.

Fühlen - tasten - raten

Das brauche ich

- ★ Schuhkartons oder andere kleinere Kartons
- ★ Schere
- ★ bunte Stoffreste oder Krepppapier
- ★ Klebstoff
- ★ kleine Plastiktiere, Spiel- oder Werkzeug, Naturmaterialien, Dinge aus der Küche, Plastikzahlen und Buchstaben ...

- ★ großen Eimer oder eine Waschschüssel
- ★ Wasser
- ★ Milch, Sahne oder etwas weiße Wandfarbe

So geht's

Tasten im Karton

1. Schneidet in einen Schuhkarton ein Loch, in das eine Hand bequem hindurchpasst. Damit man nicht sieht, was sich im Karton befindet, wird das Loch verhängt: Dafür einfach ein Stück Stoff innen im Karton über dem Loch ankleben.

2. Der Karton wird nun mit verschiedenen Gegenständen oder auch Materialien gefüllt und verschlossen. Die Kinder stecken eine Hand hinein, tasten und raten was sich darin befindet.

Fühlen im Wasser

1. Stellt eine große Schüssel oder einen Eimer auf einen Tisch, füllt sie zur Hälfte mit Wasser und gebt so viel Milch oder Sahne hinzu, bis das Wasser undurchsichtig ist.

2. Jetzt werden verschiedene, nicht schwimmende Gegenstände darin verteilt, die es dann durch Herumtasten im Wasser zu erraten gilt.

2. Hier könnte z. B. auch ein Lösungswort auf dem Detektiv-Geburtstag enträtselt werden: Einzelne Buchstaben (Buchstabenmagnete) müssen erfühlt und dann zu einem Wort zusammengesetzt werden. Oder Zahlen müssen ertastet und dann zusammen- gezählt werden.

Diese Spiele passen auch zu anderen Mottopartys. Das was ertastet werden soll, wird dann thematisch danach ausgesucht, z. B. kleine Tierfiguren bei der Tiersafari (S. 36 f.).

Kinderolympiade

Das brauche ich

★ Springseil oder Gummiband für Gummitwist
★ Schwimmnudeln
★ Hula-Hoop-Reifen
★ Pappteller
★ Eimer
★ Bälle
★ Bretter, Stangen, Stühle, Tische, Sonnenschirmständer usw. ...

So geht's

Nutzt für den Parcours die örtlichen Gegebenheiten und Dinge, die ihr zu Hause findet. Die Gäste sollten sportlich bequem und nicht in ihren besten Kleidern antreten.

Hier ein paar Vorschläge für die Stationen:

- Drüber und drunter: über gespanntes Seil, Brett oder Zaun springen und klettern, unter Büschen hindurchkrabbeln, Limbo unter einem Brett hindurch ...
- Durch: einen Hula-Hoop-Reifen springen oder einen Karton krabbeln
- Drumherum: Stöcke für Slalom in den Rasen stecken und in engen Kurven möglichst schnell darumherum laufen.
- Balancieren: auf Brettern und Kisten
- Rollen: auf dem Rasen, vorwärts, rückwärts und seitwärts
- Pappteller-Rennen: Jedes Kind bekommt 2 Pappteller. Alle Kinder stellen sich an einer Startlinie in einer Reihe auf. Sie müssen eine Strecke zurücklegen, dürfen dabei aber nicht den Boden berühren, sondern nur die Pappteller. Der hintere Teller muss immer aufgehoben und nach vorne gelegt werden.
- Hüpfen: von Pappteller zu Pappteller, ohne den Boden zu berühren.
- Werfen: einen kurzen Stock in den Rasen schlagen. Einen Ring aus einem Pappteller zurechtschneiden. Den Ring aus einiger Entfernung über den Stock werfen. Oder einen Ball in einen aufgestellten Eimer treffen.

Auch andere Geschicklichkeitsspiele (z. B. S. 57, S. 81) können als olympische Disziplinen aufgenommen werden.

Klebebandspiele

4–5 Jahre

Das brauche ich

★ Malerkrepp
★ drei kleine Bälle
★ ggf. eine Stoppuhr

So geht's

Für Spielen und Toben in der Wohnung bieten sich unaufwendige, aufgeklebte Spielfelder an. Dabei kann es entlang der Klebelinien durch alle Räume und schon mal über Tische und Stühle gehen.

Ins Ziel rollen:

1. Klebt Felder in verschiedenen Größen mit Kreppband auf den Boden.

2. Von einer Startlinie aus versuchen die Kinder, Bälle in die Felder zu rollen. Für kleine Felder gibt es 15, mittlere 10 und große 5 Punkte. Jeder Spieler hat pro Runde 3 Versuche.

Der Parcours:

1. Markiert mit einem Streifen Klebeband auf dem Boden eine Start- und eine Ziellinie. Dazwischen klebt ihr mit dem Klebeband eine gestrichelte, verwinkelte Linie durch die ganze Wohnung. Die Kinder müssen dieser Linie folgen.

2. Immer abwechselnd läuft ein Kind durch den Parcours, ein erwachsener Spielleiter gibt die Befehle: Bei den Kommandos „krabbeln", „hüpfen", rückwärts", „hinken" oder „Rolle" muss das Kind entsprechend die Fortbewegungsart ändern, bis es im Ziel angekommen ist. Ihr könnt euch natürlich auch eigene Befehle ausdenken.

Nach dem Spielen kann das Klebeband wieder problemlos von Teppich, Polstern und Böden abgezogen werden.

Pustespiele

4–5 Jahre

Das brauche ich

★ Trinkhalme
★ Wattebäusche oder Eiswürfel
★ Klebeband / Malerkrepp oder Bauklötze
★ glatte Tischfläche oder eine Wachstuchtischdecke

So geht's

Wettpusten

Für dieses Spiel werden die Kinder in zwei Gruppen eingeteilt. Immer zwei Spieler – jeweils einer aus jeder Gruppe – treten gegeneinander im Wettpusten an.

1. Beide Spieler stehen an den gegenüberliegenden Enden des Tischs.

2. In der Mitte des Tischs liegt ein Wattebausch. Beide Kinder nehmen einen Trinkhalm in den Mund und versuchen damit, die Watte auf der gegnerischen Seite vom Tisch zu pusten. Es gibt 5–10 Anläufe. Wer es schafft, die meisten Wattebäusche vom Tisch zu befördern, hat diese Runde gewonnen.

Das Eis-Labyrinth

1. Der Tisch muss dafür glatt und wasserunempfindlich sein, legt gegebenenfalls ein Wachstuch auf. Klebt mit Klebeband einen geschwungenen, verwinkelten Weg auf die Tischplatte. Start ist auf einer Tischseite, Ziel auf der anderen.

2. Mit dem Strohhalm muss nun der Eiswürfel durch das Labyrinth entlang der Linien in Richtung Ziel gepustet werden. Auch Hindernisse in Form von Bauklötzen oder Spielzeugautos können den Weg versperren.

TIPP! Das Eis-Labyrinth ist ein Solospiel, das gut im Garten, z. B. bei der Kinderolympiade (S. 31) gespielt werden kann.

Piratenparty

Was?	Wann?
Einladungen basteln und verschicken	2–3 Wochen vorher
Bastelmaterial besorgen	1 Woche vorher
Dekoration basteln z. B. Girlanden: S. 66, Trinkhalme: S. 41	2–3 Tage vorher
Raum dekorieren	1 Tag vorher
Essen zubereiten z. B. Spielfiguren-Kuchen: S. 18, Kleine Spieße: S. 20, Burger: S. 75	1 Tag vorher / am selben Tag
Spiel vorbereiten	1 Tag vorher / direkt vor dem Spiel

Ahoi – alle Piraten an Bord!

Das brauche ich

★ Papier
★ Computer und Drucker oder Stifte
★ Kerze
★ Faden
★ Schere

So geht's

1. Den Einladungstext ausdrucken oder von Hand auf Papier schreiben. Gelbliches oder leicht vergilbtes Papier passt gut. Das Papier rund um den Text ungleichmäßig ausreißen.

2. Papier zusammenknüllen und wieder glattstreichen. Ihr könnt die Ränder auch noch mit einem Feuerzeug etwas ansengen.

3. Wer mag, verziert die Einladung mit einer Zeichnung oder einem Piratenstempel. Auch das Geburtstagkind darf kreativ mitarbeiten.

4. Rollt die Einladungskarte zusammen und bindet sie mit einem Stück Schnur und einem kleinen Namensschild für den Gast zusammen.

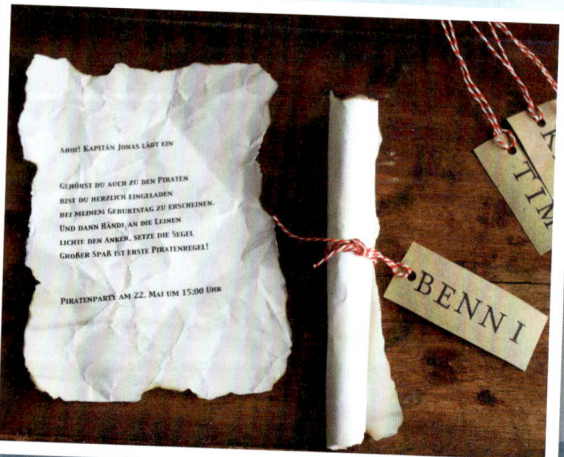

34

So werde ich ein richtiger Pirat!

Das brauche ich

- ★ schwarzen Fotokarton
- ★ Bleistift
- ★ Schere
- ★ Kleber

- ★ ein Stück Gummiband (35 cm)
- ★ spitze Schere oder Bürolocher
- ★ bunte Tücher, Eyeliner oder Kajal
- ★ Schablone Nr. 10

So geht's

1. Übertragt die Augenklappe-Vorlage (Nr. 10) auf den Karton und schneidet sie aus.

2. Die Augenklappe bis zur Mitte einschneiden. Wenn ihr die beiden Schnittkanten etwas übereinander schiebt und aufeinander festklebt, bekommt die Augenklappe eine Wölbung.

3. Für die Befestigung stecht ihr mit einer spitzen Schere zwei Löcher in die Pappe. Fädelt die Enden der Gummischnur in die beiden Löcher und verknotet sie.

4. Jetzt binden sich alle Piraten noch bunte Tücher auf den Kopf und malen sich mit Kajal Bärte oder auch gruselige Narben auf.

Vorsicht, Haie!

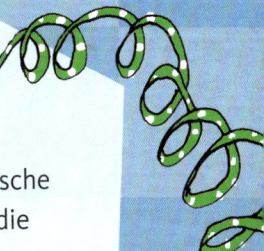

Das brauche ich

- ★ Bretter oder Bettlaken
- ★ Kissen
- ★ Stühle, Sofa, Tische

Alles Gute!

TIPP! Ihr könnt mit den Piraten auch eine richtige Schatzsuche veranstalten (S. 60 f.)

So geht's

Als Meer dient der Fußboden. Stühle, Sofa, Tische und Kissen werden zu Inseln, auf denen sich die Piraten bewegen. Niemand darf ins „Wasser" fallen, denn dort schwimmen viele gefährliche Haie.

Die Kinder müssen also von Insel zu Insel klettern, springen oder geschickt auf Brettern balancieren.

Den Piraten macht es aber auch riesigen Spaß, sich einen seeräubermäßigen Unterschlupf auf einer einsamen Insel zu bauen (S. 26).

Tiersafari-Party

Mottogeburtstag

Was?	Wann?
Einladungskarten basteln und verschicken z.B. Pappdeckel-Einladungskarten: S. 14	2–3 Wochen vorher
Dekoration basteln z.B. Luftballondeko: S. 15, Geburtstagstisch: S. 16, Piñata: S. 42	2–3 Tage vorher
Spiele vorbereiten z.B. Sockenpuppen: S. 50 f., Spielzeugtiere verstecken	1 Woche vorher 1–2 Stunden vorher
Backen und Dekorieren Tier-Kuchen: S. 18 f., Muffins: S. 72	1 Tag vorher
Essen zubereiten Kleine Spieße: S. 20, Pizza-Muffins: S. 48	kurz vor der Party

Lustige Cakepop-Tiere

Das brauche ich

* 200 g zerbröselte Butterkekse
* 50 g Frischkäse
* Päckchen Vanillezucker
* Lollipop-Sticks

* weiße und dunkle Kuvertüre
* Kokosflocken, Mandelstifte
* Speisefarbe (Braun, Rot)
* Mini-Marshmallows
* Vorlage Nr. 2 – 5

Rezept

So geht's

1. Verknetet die Kekskrümel mit Frischkäse und Vanillezucker und formt aus der Masse walnuss- große Kugeln.
2. Steckt je einen Lollipop-Stick und je 2 Mandelstifte als Ohren in die Kugeln. Stellt sie für 1–2 Stunden in den Kühlschrank.
3. Die Schokolade im Wasserbad schmelzen und die Kugeln darin eintauchen. Etwas abtropfen lassen und zum Trocknen in einen Styroporblock stecken. Anschließend mit der braunen Speisefarbe Augen, Nase und Mund aufmalen.
4. Für die Schweinchen wird in die weiße Schokolade etwas rote Speisefarbe gegeben. Ein Mini- Marshmallow wird als Schnauze in die flüssige Schokolade gedrückt und aufgeklebt.

Variante: Ihr könnt auch aus Muffins (S. 72) lustige Tiergesichter gestalten. Vorlagen dazu findet ihr hinten im Buch (Nr. 2 – 5). Ihr könnt Euch auch andere Tiere ausdenken.

Gefaltete Papierdrachen

Das brauche ich

* Papier DIN-A4
* Filz- oder Buntstifte
* Schere
* Wattebäusche
* Schablone Nr. 6

Spiel-Tipp: Einer wirft mit Wattebäuschen, die anderen schnappen mit den Drachen danach. Wer die meisten Wattebäusche gefangen hat, ist Sieger.

So geht's

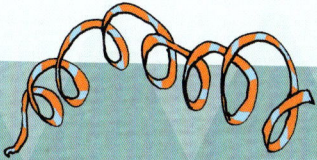

1. Faltet das rechte und linke Drittel eines DIN-A4-Blattes nach innen.

2. Faltet den Streifen in der Mitte.

3. Knickt das offene Ende zur Mitte, dreht das Papier um und knickt auch hier das Ende zur Mitte.

4. Das Blatt liegt nun zickzackmäßig gefaltet vor euch. In ein offenes Ende steckt ihr den Daumen, die anderen vier Finger in das andere Ende.

5. Malt Augen, Nasenlöcher und Zähne in das aufgerissene Maul. Wer mag, klebt noch eine Zunge aus Papier hinein.

Die große Tiersafari

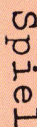

Das brauche ich

* kleine Tier-Spielfiguren

So geht's

1. Denkt euch zu den einzelnen Tieren vorab ein paar Rätsel aus, die Hinweise auf ihren Fundort geben.
   Beispiel:
   Wo hält sich das Krokodil am liebsten auf? – Im Wasser. Die Kinder suchen jetzt nach Wasserplätzen. Das Krokodil könnte z.B. im Waschbecken schwimmen.

2. Versteckt die Tiere vor Beginn der Feier. Die Kinder raten und suchen dann gemeinsam.

Variante: Zeichnet einen Plan vom Garten oder der Wohnung und markiert dort die Verstecke der Tiere (S. 60 f.)

Spiel-Tipp: Ein Kind denkt sich zusammen mit dem Spielführer (Erwachsener) ein Tier aus, die anderen Kinder müssen es nun durch Fragen erraten (z. B.: Bist du ein Haustier?). Es darf aber nur mit Ja und Nein geantwortet werden.

Prinzessinnen-Party

Was?	Wann?
Einladungen basteln und verschicken z.B. Selfie als Prinzessin: S. 90	ca. 2 Wochen vorher
Bastelmaterial besorgen	1 Woche vorher
Stoff für Röcke zuschneiden	2-3 Tage vorher
Dekorieren z.B. Luftballon-Blumen: S. 15, Partygirlanden: S. 66, Geburtstagstisch: S. 16	1 Tag vorher
Spiele zusammenstellen z.B. Pustespiele: S. 33, Flüsterpost: S.83	1 Tag vorher
Backen z.B. Torte im Glas oder Muffins (S. 47 und S. 72)	1 Tag vorher
Frische Smoothies: S. 46	1-2 Stunden vorher

Keine Prinzessin ohne Krone

TIPP! Gestaltet das ganze Fest in der Lieblingsfarbe Rosa; Girlanden-Deko (S. 66), den Geburtstagstisch (S. 16), rosa Getränke z.B. Himbeer-Smoothies (S. 46) und Kuchen mit rosa Zuckerguss und Verzierung (S. 73)

Das brauche ich

★ Papprollen (von Toiletten- und Küchenpapier)
★ Kleber
★ Gold- / Silberpapier bzw. Folie oder
★ Glitter, Pailletten, Glitzersteine
★ dünne Hutgummischnur

So geht's

1. Papprollen entweder mit Gold-/Silberfolie oder mit Glitter bekleben.
2. Mit der Schere in ein Ende der Rolle die Zacken der Krone einschneiden und in das andere Ende der Rolle zwei kleine Löcher bohren.
3. Dort die beiden Enden von einer ca. 15 cm langen Gummischnur festknoten.

Die Kronen eignen sich als Platzhalter, Tischdeko oder zum Spielen.

Ballerina-Röcke selbst gemacht

Das brauche ich

★ rosa / pinken Tüllstoff
  (pro Kind ca. 0,7 m bei 1,4 Breite)
★ Gummiband
★ Stoffschere

So geht's

1. Legt den Tüllstoff doppelt und schneidet ihn in ca. 4–5 cm breite und 70 cm lange Streifen.

2. Jedes Kind bekommt ein Stück Gummiband, das locker um den Bauch herum passt. Die Enden werden zusammengeknotet.

3. Die Kinder legen einen Tüllstreifen nach dem anderen doppelt, schieben die Schlaufe unter das Gummi und fädeln die Stoffenden durch die Schlaufe hindurch. Auf diese Weise knoten sie so viele Tüllstreifen an die Gummischnur, bis der Rock rundherum behangen ist.

TIPP! Glitzernde Bilderrahmen (S. 23) oder Wäscheklammer-Puppen (S. 24) sind tolle Basteleien für kleine Prinzessinnen.

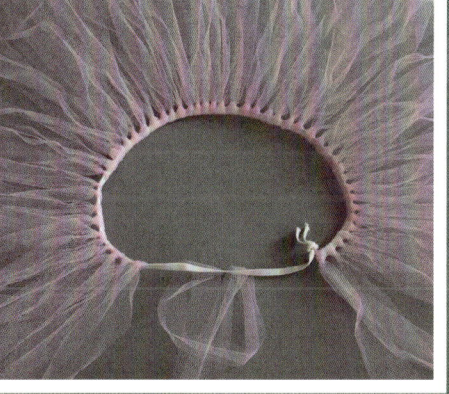

Partyaktion

Stopptanz

Spiel

Die Kinder tanzen alle zusammen nach Musik. Plötzlich stoppt die Musik und keiner darf sich mehr bewegen, sondern muss in seiner letzten Bewegung verharren, bis die Musik wieder startet. Wer noch zappelt und sich bewegt, scheidet aus. Wer als Letztes in der Runde noch tanzt, hat gewonnen.

Party-Kronleuchter

Eine Deko-Idee der besonderen Art: der schön bunte Party-Kronleuchter aus einem Hula-Hoop-Reifen.

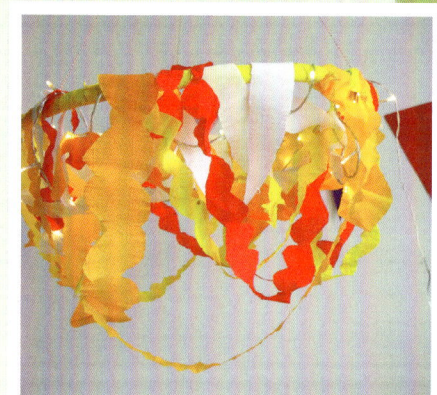

Das brauche ich

* ★ Hula-Hoop-Reifen
* ★ buntes Krepp- oder Seidenpapier
* ★ Paketschnur
* ★ jede Menge Dekoration: Kreppbänder, Luftschlangen, Blumen, Luftballons, Lichterketten ...

So geht's

Zum Aufhängen benötigt ihr einen Haken oder eine Lampe an der Decke.

1. Umwickelt den Hula-Hoop-Reifen mit Krepp- oder Geschenkpapier. Schneidet das Papier dazu in Streifen.

2. An den Reifen knotet ihr an 3–4 Stellen gleich lange Paketschnüre fest. Nehmt die Fadenenden, testet, ob der Reifen gerade hängt, und knotet dann die Enden zusammen.

3. Jetzt kann der Reifen aufgehängt und nach Belieben dekoriert werden. Alles, was bunt und geburtstagsmäßig ist, darf verwendet werden: Papiergirlanden, Luftschlangen, Herzchen, Luftballons und Fähnchen. Oder ihr schneidet Namen und Alter des Geburtstagskindes aus Pappe aus und hängt die Buchstaben und Zahlen an den Ring. Eine um den Reifen gewickelte Lichterkette macht die Party-Deko perfekt.

TIPP! Blumenring statt Blumenstrauß: Hängt bunte Wiesenblumen an ihren Blättern und Verzweigungen kopfüber an einen Metall- oder Bambusring (aus dem Bastelladen).

Party-Trinkhalme

6-7 Jahre

Motzt einfache Trinkhalme hübsch auf und personalisiert sie. So findet auch jeder im Partygewusel sein Getränk wieder.

Das brauche ich

★ Trinkhalme
★ buntes Tonpapier
★ Klebstoff oder Bürotacker
★ Schere oder Cuttermesser
★ Kinderstempel, gerne auch passend zum Mottogeburtstag

So geht's

Fähnchen

Aus Tonpapier einen 5–6 cm langen Streifen zurechtschneiden. Bedruckt die Enden des Streifens oder beschriftet sie mit den Namen der Gäste. Knickt dann einen Streifen um jeden Strohhalm. Mit einem Tropfen Klebstoff oder einem Bürotacker verbindet ihr die Enden so, dass sie fest am Halm halten.

Buttons

Einen 6–8 cm großen Kreis aus Tonpapier ausschneiden. Mit einer spitzen Schere oder einem Cuttermesser zwei parallele, ca. 2 cm lange Schlitze für den Trinkhalm hinein schneiden. Den Kreis könnt ihr noch bestempeln, bemalen oder beschriften und den Trinkhalm durch die Schlitze fädeln.

Geburtstags-Piñata

Piñatas sind bunte Figuren aus Pappmaschee, die mit Süßigkeiten gefüllt sind. Dieser Brauch kommt ursprünglich aus Lateinamerika und erfreut sich inzwischen auch bei uns großer Beliebtheit. Zugegeben, sie zu basteln braucht etwas Zeit, aber der Spaß ist es wert!

Das brauche ich

- ★ Karton oder großen Bogen Pappe
- ★ buntes Seidenpapier (aus dem Bastelladen)
- ★ Schere, ggf. ein Cuttermesser
- ★ Klebstoff / Klebestift
- ★ breites Klebeband

- ★ feste Schnur
- ★ Stock
- ★ für die Füllung: Süßigkeiten, kleine Geschenke oder auch Konfetti

So geht's

1. Zunächst muss der Pappkörper gebastelt werden. Wählt eine einfache Form, zum Beispiel ein Herz, eine Torte oder die Jahreszahl des Geburtstagskindes. Zeichnet die Form 2-mal für die Vorder- und Rückseite auf und schneidet sie aus.

2. Schneidet einen ca. 10 cm breiten Streifen Pappe zurecht, der im Idealfall einmal rundherum um die Form reicht. Falls nicht, verlängert ihr den Streifen mit einem weiteren Stück Pappe.

3. Klebt die Pappstreifen mit Klebeband im rechten Winkel an die Vorderseite. Setzt dann die Rückseite passgenau auf die Seitenteile und klebt sie ebenfalls mit Klebeband fest. Lasst aber noch eine kleine Öffnung frei, durch die die Piñata befüllt werden kann.

4. Klebt die Öffnung zu und eine Schlaufe aus fester Schnur zum Aufhängen an die Piñata.

5. Legt mehrere Lagen Seidenpapier übereinander, faltet es zu einem 3 cm breiten Streifen und schneidet diesen ab. Die Seidenpapierstreifen werden nun an der offenen Seite dicht an dicht durch alle Papierlagen hindurch eingeschnitten.

6. Klebt die Fransenbänder an der geschlossenen Seite mit Klebstoff auf den Pappkörper, bis dieser ganz mit bunten Fransen bedeckt ist. Die Papier-Fransenreihen überlappen sich dabei etwas.

So wird gespielt

Die Piñata wird über den Köpfen der Kinder aufgehängt, sodass sie frei schwingen kann. Die Kinder schlagen nun der Reihe nach mit dem Stock auf die Piñata ein, das Geburtstagskind beginnt. Jedes Kind darf 3-mal schlagen. Es bedarf einiger Anläufe, bis die Piñata zerschlagen ist und der Inhalt herausfällt. Zum Schluss wird der Inhalt der Piñata zwischen den Kindern aufgeteilt.

TIPP! Bei runden Piñata-Formen wie z. B. einem Fußball, Tierköpfen oder Monstern muss für die Grundform ein Luftballon mit Pappmaschee (Zeitungsschnipsel mit Kleister) beklebt werden.

Gästetüten

6-7 Jahre

Nach dem Fest bekommt jeder Gast noch eine kleine Überraschungstüte mit auf den Weg.

Das brauche ich

★ Butterbrottüten
★ Sticker oder bunte Klebepunkte
★ Bastelleim
★ Konfetti oder Motivstempel

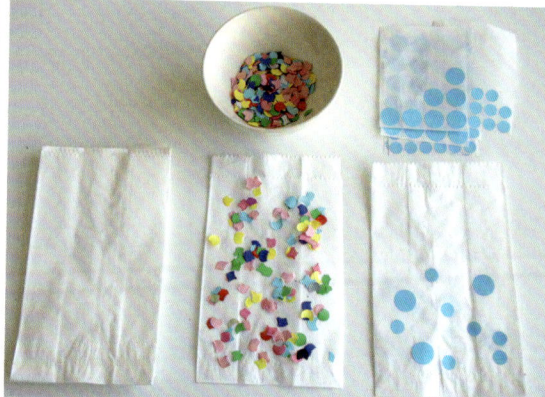

So geht's

1. Beklebt Butterbrottüten mit Stickern oder bunten Klebepunkten. Oder ihr klebt ein Etikett mit dem Namen des Kindes drauf.

2. Alternativ dazu kann die Tüte auch mit Konfetti beklebt werden. Betropft die Tüte unregelmäßig mit Bastelleim und drückt dann Konfetti auf die Klebestellen. Lose Konfettiteilchen könnt ihr in eine Schale abschütteln.

3. Bei einem Mottogeburtstag bietet sich auch ein thematisch passender Stempel an (Tiere, Fußball, Pirat o. ä.).

4. Die Beutel füllt ihr mit Süßigkeiten oder kleinen Geschenken. Die Tüten dann entweder zubinden oder 2-mal umschlagen und mit Klebeband zukleben.

Variante: Schneidet aus Packpapier oder einem anderen festen Papier zwei gleiche Teile zurecht. Legt sie aufeinander und näht mit der Nähmaschine einmal rundherum die Teile mit ca. 1 cm Abstand zur Kante zusammen. Lasst einige Zentimeter zum Befüllen offen und näht diese anschließend zu.

Pfannkuchentorte

Das brauche ich

Pfannkuchenteig

★ 3 Eier

★ 3 Tassen Milch

★ 3 Tassen Mehl

★ Prise Salz

★ Pflanzenöl

Für die Füllung

★ 1 Becher Schlagsahne

★ 1 Päckchen Sahnesteif

★ Puderzucker

★ 300 g Himbeeren

★ ggf. Schokoladen- oder Zuckerstreusel

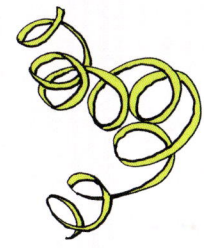

So geht's

Das Rezept ist ausreichend für eine kleine Pfannkuchen-
torte (4–5 Kinder). Bei mehr Gästen oder einer größeren
Pfanne benötigt ihr die doppelte Menge.

1. Rührt Eier, Milch, Mehl und eine Prise Salz mit dem
   Handmixer klumpenfrei an.

2. Erhitzt etwas Öl in einer kleinen, beschichteten
   Pfanne und gießt so viel Teig ein, dass der Boden
   dünn bedeckt ist. Backt den Pfannkuchen von beiden
   Seiten goldbraun. Der Teig ergibt ca. 10 Pfannkuchen.
   Stellt die ausgekühlten Pfannkuchen über Nacht
   abgedeckt in den Kühlschrank.

3. Am nächsten Tag: Schlagt die Schlagsahne mit
   Sahnesteif fest und gebt noch 1 EL Puderzucker
   hinzu.

4. Platziert einen Pfannkuchen auf der Tortenplatte, bestreicht ihn dünn mit Sahne
   und verteilt darauf einige Himbeeren. Legt darauf den nächsten Pfannkuchen mit
   einer weiteren Schicht. Stapelt so alle Pfannkuchen und dekoriert den obersten
   entweder mit Sahne, Puderzucker, Schokostreuseln oder frischen Himbeeren.
   Fertig ist die Torte!

TIPP! Jeder mag seine Pfannkuchen anders: Je nach
Geschmack können die Pfannkuchen auch dünn mit
Schokoladencreme, Marmelade, Apfelmus oder abwech-
selnd roter Grütze und Mascarpone bestrichen werden.

Viel Frucht

6–7 Jahre

Fruchtige Sorbets und Smoothies sind eine gesunde und dabei leckere Alternative zu Eis und süßen Limonaden.

Das brauche ich

Die Zutaten ergeben, je nach Appetit, 4–6 Portionen.

Frucht-Sorbet:

* ★ 300 g gefrorenes Obst, z. B. Himbeeren, Erdbeeren, Mango
* ★ etwas Wasser
* ★ 2–3 EL Puderzucker
* ★ Küchenmixer oder Pürierstab

Frucht-Smoothie:

* ★ 500 g Himbeeren oder Erdbeeren
* ★ 2 Bananen
* ★ 2 Tassen frisch gepressten Orangensaft

So geht's

Frucht-Sorbet

Das ist das einfachste und schnellste Rezept überhaupt! Die gefrorenen Beeren pürieren und mit Puderzucker und ggf. etwas Zitronen- oder Limettensaft abschmecken. Am besten sofort in kleinen Schälchen, Eisbechern oder Waffeln servieren und genießen. Nach Geschmack noch mit frischen Früchten garnieren. Genau das Richtige für heiße Tage und Feiern im Garten!

Frucht-Smoothie

Alle Zutaten im Küchenmixer pürieren, nach Geschmack noch etwas Zitrone oder Zucker bzw. Vanillezucker dazugeben.

Variante: Wer einen Shake haben möchte, lässt den Orangensaft weg und gibt stattdessen einen Becher Vollmilch-Joghurt hinzu. In Gläsern oder Bechern mit Strohhalm servieren. Lecker und frisch!

Torte im Glas

6-7 Jahre

Schnelle Torte ohne Backen, Tortenguss und kompliziertes Schichten

Das brauche ich

für ca. 8 Portionen

* 200 g Löffelbiskuits
* 500 g frische Erdbeeren (oder auch Himbeeren)
* 300 g Mascarpone

* 500 g Vanillejoghurt
* Gefrierbeutel
* 8 kleine Gläser
* geraspelte Schokolade

So geht's

1. Füllt das Löffelbiskuit in einen Gefrierbeutel und verschließt ihn. Zerbröselt nun die Kekse im Beutel grob mit den Händen.

2. Wascht die Erdbeeren und schneidet sie in Viertel oder Scheiben. Lasst für jede Portion zur Deko eine schöne Erdbeere ganz.

3. Verrührt Mascarpone mit dem Vanillejoghurt. Füllt die Creme in einen Spritz- oder einen Gefrierbeutel. Schneidet vom Gefrierbeutel zum Spritzen eine Ecke ab.

4. Schichtet jetzt die Törtchen, indem ihr abwechselnd eine Lage Creme, Keksstreusel und Erdbeeren in die Gläser füllt.

5. Zum Abschluss noch zur Dekoration einen Klecks Creme, eine Erdbeere und Schokoraspel darauf. Stellt die Gläser kalt und lasst die Törtchen einige Stunden durchziehen, dann direkt aus dem Glas löffeln. Lecker!

TIPP! Für den Krümelboden könnt ihr auch Butter-, Hafer- oder Schokoladenkekse verwenden. Die Creme kann auch durch Schlagsahne ersetzt werden.

Pizza-Muffins

6–7 Jahre

Hier dürfen die Kinder gerne helfen und die Mini-Pizzen ganz nach ihrem eigenen Geschmack belegen.

Das brauche ich

* Muffinblech oder Muffinförmchen
* Fertig-Pizzateig und Tomatensoße aus dem Kühlregal
* geriebener Käse

* Salami und / oder Kochschinken
* für den Belag: Tomaten, Zwiebeln, Pilze, Oliven …
* Glas zum Ausstechen

So geht's

Eine Packung Fertigteig mit Soße ergibt ca. 18 Pizza-Muffins.

1. Die Muffinformen im Blech einfetten. Die Fertigsoße nach Geschmack noch etwas mit Kräutern und Gewürzen abschmecken. Tomaten, Salami, Schinken oder auch Pilze klein würfeln.

2. Den fertigen Teig auf einem Küchenbrett ausbreiten. Mit einem Glas, das vom Umfang etwas größer ist als eine Muffinform, dicht an dicht Kreise aus dem Teig ausstechen. Das Glas dabei etwas drehen.

3. Je einen Teigkreis in eine Muffinform legen. Die Tomatensoße mit einem Löffel auf die kleinen Pizzen verteilen. Danach die Pizzen nach Belieben belegen und zum Schluss mit geriebenem Käse bestreuen.

4. Den Ofen auf 200 ° Umluft vorheizen und die Pizzen darin ca. 10 Minuten backen. Die Pizzen dann mit einem Messer aus der Form hebeln.

Variation: Ihr könnt auch Mini-Flammkuchen machen. Dazu statt Tomatensoße Schmand aufstreichen und fein gehackte Zwiebeln und Schinkenwürfel aufstreuen.

TIPP! Wer keine Muffinform zur Hand hat, legt die ausgestochenen Teigkreise zum Backen auf ein mit Backpapier ausgelegtes Backblech.

Schmuck basteln

Für eine Mädchen-Geburtstagfeier ist Schmuckbasteln eine unkomplizierte und kreative Aktion.

Das brauche ich

* Perlen
* dünnes Geschenk- oder Textilband
* Sticknadel
* dünnes Hutgummi

* Zwirn, Stickgarn oder einen anderen festen Faden
* Unterlegscheiben (Eisenwaren)
* Nagellack

So geht's

1. Perlenketten

Statt auf einen glatten Faden können große Perlen auch mit Hilfe einer Sticknadel auf dünne Geschenkbänder aufgefädelt werden. Die Kinder können hier die Abstände zwischen den Perlen selbst bestimmen. Die Ketten werden in der gewünschten Länge verknotet.

2. Armbänder

Die Perlen für Armbänder werden auf ein dünnes elastisches Hutgummi gefädelt. Sie sollten deshalb auch ein größeres Loch haben. Zwischendurch am Handgelenk Maß nehmen, ob die Länge reicht. Ist das Armband lang genug, werden beide Enden der Schnur zusammen durch 1–2 weitere Perlen gefädelt und dann verknotet. Auch ein schöner Anhänger kann mit aufgefädelt werden.

3. Kette mit Anhänger

Die Unterlegscheiben von beiden Seiten mit Nagellack bepinseln und auf einem Stück Folie trocknen lassen; erst die eine, dann die andere Seite. Eine Schnur in der gewünschten Halskettenlänge zurechtschneiden und in der Mitte mit einer Schlaufe durch die Unterlegscheibe fädeln. Die beiden Enden nun durch die Schlaufe ziehen.

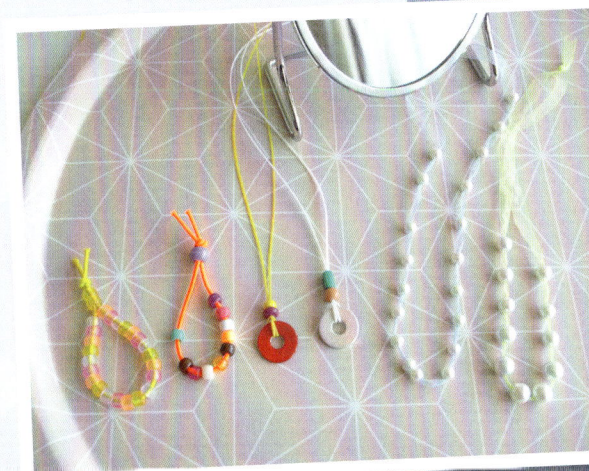

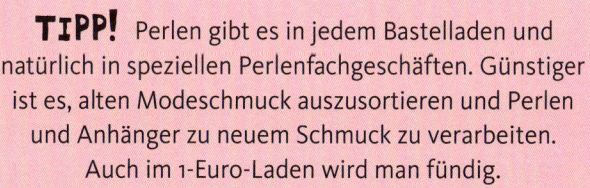

TIPP! Perlen gibt es in jedem Bastelladen und natürlich in speziellen Perlenfachgeschäften. Günstiger ist es, alten Modeschmuck auszusortieren und Perlen und Anhänger zu neuem Schmuck zu verarbeiten. Auch im 1-Euro-Laden wird man fündig.

Sockenpuppen

6–7 Jahre

Wenn erst gebastelt und dann mit dem Gebastelten gespielt wird, braucht es kein weiteres Geburtstagsprogramm.

Das brauche ich

- ★ einzelne Socken und Strümpfe
- ★ Bastelfilz, Woll- und Stoffreste
- ★ einige Scheren
- ★ Klebstoff
- ★ Filzstifte
- ★ Kulleraugen (Bastelgeschäft)

- ★ Goldpapier, feste Pappe (z. B. von einem Karton)
- ★ Watte
- ★ ggf. Knöpfe, Nadel und Faden
- ★ Milchreis
- ★ Schablonen Nr. 7 – 9

So geht's

Das Bastelmaterial kommt in die Mitte auf den Tisch.

Überlegt euch, welches Puppenstück (z. B. ein Märchen, eine Ritter- oder Piratengeschichte …) ihr anschließend mit den Puppen spielen möchtet. Jedes Kind stellt dafür eine oder auch zwei Spielfiguren her.

1. Jeder sucht sich eine Socke oder einen Strumpf aus und steckt die Hand hinein: Der Daumen kommt in die Ferse, die anderen Finger nach vorne zur Fußspitze.

2. Zur Versteifung des Mauls bei z. B. einem Drachen schneiden die Kinder ein Oval aus Pappe zurecht. Je länger das Pappstück, desto größer das Maul.

3. Die Pappe wird in der Mitte geknickt, in die Socke geschoben und an der richtigen Stelle mit ein paar Tropfen Kleber festgeklebt.

4. Aus Bastelfilz werden Ohren (Nr. 7), Zunge (Nr. 8), Drachenkamm (Nr. 9) oder auch Augen zugeschnitten und aufgeklebt. Die Vorlagen dazu findet ihr hinten im Buch.

5. Wollfäden werden zu Haaren, Stoffstücke zu Kleidern, Schals oder Kopftüchern gebunden oder angeklebt. Augen können auch einfach mit Filzstiften aufgemalt werden. Angenähte Knopfaugen sind eher was für fortgeschrittene Bastler. Mit Watte kann die Figur noch etwas runder und knuffiger ausgestopft werden.

Variante

Ganz schnell und einfach bastelt ihr kleine knuffige Sockenpuppen, indem ihr einen Strumpf zu ca. 1/3 mit Milchreis füllt. In das ungefüllte obere Ende macht ihr einen Knoten. Dieser Knoten sitzt jetzt auf dem Kopf der Sockenpuppe. Ihr könnt das offene Ende des Knotens noch als Haare in Streifen schneiden oder zusätzlich Wolle für eine dicke Mähne aufkleben.
Für das Gesicht verwendet ihr Bastelfilz, Filzstifte oder näht Knöpfe als Augen an.

TIPP! Wer kein Puppentheater hat, bastelt sich eins aus einem Besenstiel und einem großen Tuch. Legt die Stockenden auf zwei Stuhllehnen ab und das Tuch dann über den Stiel. Fertig ist das Puppentheater.

Jonglierbälle

Partyaktion

Das brauche ich

* ★ mittelgroße Luftballons
* ★ Plastik-Wasserflasche
* ★ feinen Sand oder Milchreis
* ★ Klebeband
* ★ Schere

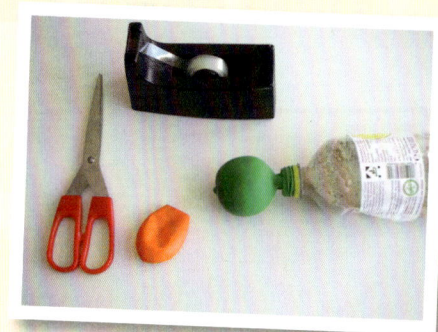

So geht's

Pro Jonglierball benötigt ihr 2–3 Luftballons.

1. Die Kinder blasen ihre Luftballons einmal auf und lassen die Luft wieder heraus; so weitet sich der Ballon etwas.

2. Füllt trockenen, weichen Sand in eine kleine Plastikflasche und stülpt das Ballon-mundstück über den Flaschenhals. Haltet die Flasche auf den Kopf und drückt so viel Sand in den Ballon, bis er ungefähr so groß wie eine Mandarine ist.

3. Der Ballon wird jetzt vorsichtig wieder von der Flasche gezogen, das Luftballon–Mundstück abgeschnitten und die Öffnung mit Klebeband zugeklebt.

4. Schneidet vom zweiten Ballon auch das Mundstück ab, greift mit den Fingern hinein, zieht ihn auseinander und stülpt ihn über den gefüllten Ballon, sodass die zugeklebte Öffnung verdeckt ist.

TIPP! Die Jonglierbälle sind ideal für eine Gartenparty; gebastelt wird im Sandkasten und anschließend können sich alle im Jonglieren erproben. Für bessere Haltbarkeit kann auch noch ein dritter Luftballon wie beschrieben übergestülpt werden.

Wasserbilder

Das brauche ich

* Aquarellpapier
* saugfähiges Papier
* Tuschkasten
* dicke und dünne Pinsel
* Trinkhalme

* kleinen Schwamm
* weiße Klebepunkte oder Kulleraugen (Bastelladen)
* schwarzen Filzstift
* Strohhalme

So geht's

Legt den Tisch mit Zeitungen oder Packpapier aus und malt mit den Kindern in einer möglichst unempfindlichen Umgebung, z. B. draußen im Garten oder in der Küche.

Mit den folgenden einfachen Techniken können Kinder tolle Wasserfarben-Bilder kreieren:

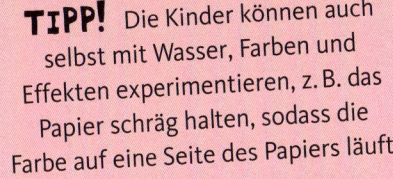

TIPP! Die Kinder können auch selbst mit Wasser, Farben und Effekten experimentieren, z. B. das Papier schräg halten, sodass die Farbe auf eine Seite des Papiers läuft.

1. Setzt einen Klecks Farbe mit dem Pinsel auf das Papier. Pustet nun die Farbe mit einem Trinkhalm in alle Richtungen auseinander. So gestaltet ihr kleine Klecksmonster. Klebt ihnen noch zwei weiße Klebepunkte als Augen auf und malt mit einem schwarzen Filzstift einen Punkt hinein.

2. Feuchtet ein saugfähiges Blatt Papier mit einem kleinen Schwamm oder dicken Pinsel und Wasser gut an. Setzt mit einem Pinsel verschiedene Farbflecken oder Linien auf das nasse Papier. Die Farbe beginnt zu verlaufen, so entstehen schöne Mischtöne und Konturen.

Buchstabenkekse

6-7 Jahre

Eine Teigportion reicht für ca. 4–5 Kinder. Wenn es mehr sind, verdoppelt einfach die Mengen.

Das brauche ich

Für den Teig:

* 250 g Butter oder Margarine
* 500 g Mehl
* 200 g Zucker
* 1 großes oder 2 kleine Eier
* Prise Salz
* Päckchen Vanillezucker
* 1 TL Backpulver
* dünne Pappe, Bleistifte und Scheren für die Schablonen
* Küchenmesser

* Küchenbretter oder ein Wachstischtuch
* Mehl
* Nudelholz
* Backpapier
* Backpinsel

Zum Dekorieren:

* bunte Streusel oder Schokolinsen
* bunte Zuckerschrift oder Zuckerguss (S. 18 f.)

So geht's

Den Teig solltet ihr schon einen Tag vorher zubereiten und im Kühlschrank kalt stellen; dann kann es gleich losgehen mit Ausrollen, Ausstechen und Dekorieren.

1. Wiegt die Zutaten ab. Knetet sie zügig mit der Küchenmaschine und den Händen zu einer festen Teigkugel und stellt sie kalt.

2. Buchstaben-Schablonen: Jedes Kind schreibt seinen Namen in dicken, ca. 10 cm hohen Blockbuchstaben auf Pappe und schneidet sie aus.

3. Ausgerollt wird entweder direkt auf dem Küchentisch, auf einer Wachstuch- decke oder Holzbrettchen. Jedes Kind bekommt eine ca. orangengroße Portion Teig. Die Unterlage wird leicht eingemehlt und der Teig max. 5 mm stark mit dem ebenfalls eingemehlten Nudelholz ausgerollt.

TIPP! Anstelle von Buchstaben kann der Teig natürlich auch mit schönen Keksförmchen ausgestochen werden.

4. Legt die Schablonen auf den ausgerollten Teig und schneidet mit einem kleinen Küchenmesser entlang der Kante die Formen aus. Die Teigreste werden wieder zusammen geknetet und für weitere Kekse neu ausgerollt.

5. Legt die Buchstaben auf mit Backpapier ausgelegte Backbleche und backt den Teig ca. 15–20 Minuten bei 180° Umluft im Ofen. Lasst die Kekse vor dem Dekorieren auskühlen.

6. Bereitet den Zuckerguss vor. Die Kinder gestalten die Kekse entweder mit bunter Zuckerschrift aus Tuben oder mit dem bunten Zuckerguss, der auf die Kekse gepinselt wird. Darüber können Zuckerperlen oder Dragees gestreut werden.

Pappteller-Pingpong

6-7 Jahre

Das brauche ich

★ für jeden Spieler einen Pappteller
★ breites Klebeband (Malerkrepp oder Paketband)
★ weiche Schaumstoffbälle oder Luftballons

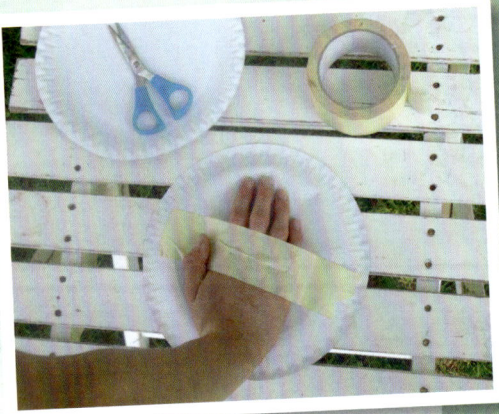

So geht's

Klebt den Pappteller mit einem breiten Streifen Klebeband an die Spielerhand. Und schon könnt ihr losspielen: ältere, etwas geübtere Kinder mit einem Schaumstoffschlauch, jüngere mit Luftballons.

Spielvariante 1 (einfach):
Die Spieler schlagen mit dem Pappteller wie beim Federball einen Luftballon hin und her. Entweder spielen immer zwei Spieler gegeneinander oder aber alle Kinder in einem Kreis.

Spielvariante 2 (etwas schwerer):
Auch zwei Mannschaften können gegeneinander antreten. Dafür wird eine Leine über den Rasen gespannt. Auf jeder Seite der Leine steht eine Mannschaft. Jede Mannschaft versucht nun, den Luftballon ins gegnerische Feld zu schlagen und gleichzeitig zu verhindern, dass der Luftballon im eigenen Feld den Boden berührt (ähnlich wie beim Volleyball).

Schwamm werfen

6–7 Jahre

Das brauche ich

★ kleine Schwämme
★ Eimer mit Wasser
★ Straßenkreide
★ Papier und Bleistift

So geht's

1. Mit der Straßenkreide ziehen die Kinder eine Startlinie und davor mit etwas Abstand 10 große verschieden-farbige Felder auf den Boden. Jedes dieser Felder bekommt eine Punktzahl.

2. Die Kinder können in zwei Teams oder einzeln gegeneinander antreten. Sie stellen sich der Reihe nach hinter die Startlinie. Jeder Spieler erhält pro Runde drei Schwämme und taucht diese ins Wasser. Ziel ist es, Felder mit einer möglichst hohen Punktzahl zu treffen. Die Kinder übertragen ihre Punkte in eine Tabelle. Am Ende werden alle Punkte zusammengerechnet.

3. Die Schwierigkeit kann noch etwas erhöht werden, wenn z. B. das letzte Kind in der Reihe das zu treffende Ziel vorgibt, z. B. „roter Kreis". Der vordere Spieler muss nun versuchen, mit seinen drei Schwämmen ein rotes Feld zu treffen. Oder die Startlinie wird um ein Stück nach hinten versetzt. So wird's dann mit dem Treffen auch etwas kniffliger.

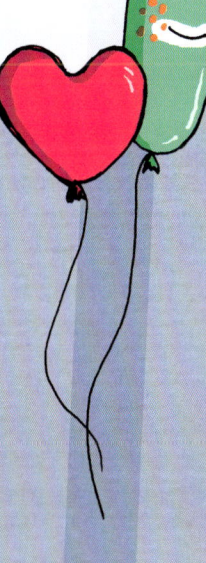

Knallbüchse

Das brauche ich

* ★ kleine Konservendosen oder feste Plastikbecher
* ★ Dosenöffner
* ★ große Luftballons
* ★ Scheren
* ★ Gummiringe
* ★ Pingpong-Bälle

So geht's

1. Deckel und Boden der Blechdosen müssen geöffnet sein. Bei Plastikbechern schneidet ihr den Boden mit einer Schere heraus.

2. Schneidet von den Luftballons die Mundstücke mit einer Schere ab. Stülpt die Luftballons über eine der Öffnungen. Damit der Ballon fest auf der Dose bleibt, zieht ihr noch einen Gummiring stramm über den Rand der Dose.

3. Jetzt wird geschossen: Der Pingpong-Ball kommt vorne in die Dose, hinten wird wie bei einer Zwille am Luftballon gezogen. Lasst den Luftballon los und der Ball fliegt in hohem Bogen davon.

Wer schießt am weitesten: Stellt euch hinter eine Linie und schießt los. Jeder hat einen Schuss.

Abtreffen: Stellt Pappbecher nebeneinander auf ein Brett oder einen Tisch und schießt sie mit euren Knallbüchsen ab. Jeder hat 3 Schuss, wer am meisten trifft, hat gewonnen.

Ohne Worte

6–7 Jahre

Bei diesem Pantomime-Spiel gibt es garantiert viel zu lachen. Es kann drinnen und draußen gespielt werden und ist bei großen und kleinen Kindern beliebt.

Das brauche ich

- ★ Fotokarton
- ★ Schere
- ★ Filzstifte
- ★ Zeitschriften, Zeitungen oder Postkarten
- ★ Kleber
- ★ Stopp-/Sanduhr oder Wecker mit Sekundenzeiger

So geht's

Vorbereitung

Bereitet für das Spiel einfache Spielkarten vor. Schneidet einen Bogen Fotokarton in ca. 30 visitenkartengroße Stücke.

- Spielvariante für Leser: Schreibt Begriffe wie Kaffeetasse, Auto, oder auch Tiere oder Berufe auf je eine Seite der Karte.
- Spielvariante für Nichtleser: Schneidet Fotos oder Zeichnungen von verschiedenen Gegenständen, Tieren usw. aus.

Das Spiel

Die Karten werden verdeckt auf einen Stapel gelegt. Die Kinder treten beim Spielen und Raten in zwei Gruppen immer im Wechsel gegeneinander an. Die erste Gruppe zieht eine Karte, z. B. „Banane", und ein Kind oder auch alle Kinder dieser Gruppe versuchen nun, eine Banane darzustellen. Die Kinder der zweiten Gruppe müssen den gesuchten Begriff erraten. Schön hektisch wird es, wenn dabei auch noch die Zeit läuft. Jede Gruppe bekommt z. B. nur 1–2 Minuten Zeit zum Raten.

Schnitzeljagd

Was?	Wann?
Einladungen basteln und verschicken	2–3 Wochen vorher
Route und Aufgaben überlegen	1–2 Wochen vorher
Nachbarn oder Freunde instruieren	1–2 Wochen vorher
Dekoration und Auszeichnungen basteln S. 66 und S. 69	1–2 Wochen vorher
Süße Snackpakete vorbereiten z. B. mit Muffins: S. 72	1 Tag vorher
Garten dekorieren	am selben Tag
Herzhaftes und Getränke für danach z. B. Burger: S. 75 oder Spieße: S. 20	am selben Tag

Knifflige Aufgaben und Rätsel

Je nach Alter braucht ihr für die Schatzsuche noch 10 bis 20 Aufgaben, Hinweise und Rätsel.

Einige Beispielrätsel:
- Wie viele Flaschen passen in einen Wasserkasten?
- Malt einzelne Buchstaben entlang der Route auf. Die Kinder müssen sie aufschreiben. Alle zusammen ergeben ein Lösungswort oder das Schatzversteck.

Aufgaben:
- Bringt einen Apfel / eine Wäscheklammer / eine Feder mit.
- Die Kinder lösen Rechenaufgaben. Die Lösungszahlen ergeben eine Telefonnummer. Dort müssen sie anrufen, um das Lösungswort / den nächsten Hinweis zu erhalten.

Hinweise:
- Der nächste Treffpunkt: 12 Schritte geradeaus, 5 links und 2 zurück.
- Ein Foto / Fotoausschnitt von der nächsten Station. Wo könnte das sein?

TIPP! Für die Schatzsucher stellt ihr kleine Snackpakete zusammen. Die Speisen sollten portioniert und unkompliziert aus der Hand zu essen sein.

Findet den Schatz!

Gute Orte für Schnitzeljagden sind der Garten, der Park, ein Spielplatz oder der Wald. Je nach Strecke und Aufgaben sollte die Suche nicht länger als 90 Minuten dauern. Bei jüngeren Kindern und wenn es auf fremdes Terrain geht, muss auf jeden Fall ein Erwachsener als Begleitung dabei sein.

Das brauche ich

- ★ einen Schatz
  (z. B. Zigarrenkiste oder Schuhkarton gefüllt mit kleinen Geschenken oder Süßigkeiten)
- ★ Straßenkreide
- ★ Klebeband, Faden
- ★ Flaschen
- ★ Papier, Briefumschläge und Stifte
- ★ Ausrüstung für die Jagd: Schaufel, kleiner Block, Stifte, Kescher, Beutel, Fernglas

So geht's

Überlegt euch eine Route, an dessen Ende der Schatz versteckt wird.

- Markiert eure Route mit Pfeilen und versteckt entlang der Strecke die Aufgaben oder auch Karten, die den weiteren Weg verraten (z. B. unter Steinen, an Äste gehängt, in Flaschen, vergraben).
- Deponiert bei einer der Stationen euer Proviantpaket. Dort wird dann später eine kleine Erfrischungspause eingelegt.
- Ihr könnt auch Freunde oder Nachbarn mit in das Spiel einbinden. Die Kinder bekommen dort einen weiteren Hinweis, müssen eine Frage beantworten oder erhalten einen Gegenstand zum Einsammeln.
- Die jungen Schatzsucher müssen jetzt die Route mit den verschiedenen Stationen finden.
- Nachdem der Schatz gefunden wurde, wird er zwischen den Gästen aufgeteilt. Und eine Auszeichnung gibt es natürlich auch noch! (S. 69)

Spiel

Picknickparty

Was?	Wann?
Picknickplatz aussuchen	2–3 Wochen vorher
Einladungen und Anfahrtsskizze verschicken	2–3 Wochen vorher
Spiele und Deko vorbereiten z. B. Jonglierbälle: S. 52, Seifenblasen-Spaß: S. 25	1 Woche vorher
Picknick-Utensilien besorgen	3–5 Tage vorher
Essen zubereiten	1 Tag vorher
Aufbau Picknickplatz und Dekoration	1–2 Stunden vorher

Ein schattiges Plätzchen

Das brauche ich

★ Picknickdecken oder einen robusten Teppich, Kissen
★ Tabletts oder niedrige Teetischchen
★ Girlanden (S. 66)

So geht's

• Sucht euch für das Picknick einen halbschattigen, schönen Platz.
• Schmückt den Picknickplatz mit Girlanden.
• Zum Sitzen werden Decken oder auch Teppiche ausgebreitet, ein paar Tabletts oder niedrige Tischchen für Getränke und Speisen aufgestellt und robuste Kissen verteilt.

TIPP! Wenn ihr nicht im eigenen Garten feiert, schickt ihr den Gästen zusammen mit der Einladung eine gute Wegbeschreibung oder Karte. Seid selbst mindestens eine Stunde vorher da um alles aufzubauen.

Frische Luft macht hungrig

Das brauche ich

★ Pappteller und Becher

★ Servietten

★ Strohhalme

★ Zahnstocher und Holzspieße

★ Lunchboxen, Frühstücksbeutel oder Schraubgläser

★ ausreichend Essen und Getränke

So geht's

• Die Speisen sollten unkompliziert zu essen sein, am besten eignet sich Fingerfood. Lieber keine Schokolade und Sahne, da sie schmelzen. Trockene Kuchen, Muffins (S. 72 f.), Mini-Frikadellen, aufgerollte Pfannkuchen, Obst, kleine Gemüsespieße (S. 20), Teigtaschen, Sandwiches (S. 74), belegte Baguettes und Brötchen mit Miniwürstchen eignen sich und kommen gut an.

• Zum Transportieren verwendet ihr verschließbare Haushaltsboxen und Schraubgläser. Speisen und Getränke könnt ihr in Kühlboxen kalt halten. Vor Ort wird das Essen dann noch auf Tellern oder Tabletts angerichtet.

• Für jeden Gast einen Pappteller, Becher, Strohhalm und ausreichend Servietten einpacken.

TIPP! Stülpt zum Schutz vor Wespen ein Muffinförmchen verkehrt herum über das Glas oder die Flasche und stecht den Strohhalm in der Mitte durch das Papier. Oder ihr schlagt mit einem dicken Nagel und Hammer ein Loch in den Deckel eines Schraubglases für den Strohhalm.

Draußen spielen und toben

Spiel

Damit es nicht so viel zum Schleppen gibt, solltet ihr Spiele auswählen, für die möglichst wenig Ausrüstung nötig ist. Hier ein paar Klassiker:

• Ich sehe was, was du nicht siehst: Ein Kind merkt sich einen Gegenstand in der Umgebung. Es darf die Farbe verraten, mehr nicht. Die anderen Kinder versuchen reihum, den Gegenstand zu erraten.

• Pappteller-Pingpong (S. 56):

• Pappteller-Rennen (S. 31)

• Wasserspiele (S. 82) – Die sollten bei schönem Sommerwetter auf keinen Fall fehlen!

Gruselparty

Was?	Wann?
Einladungen basteln und verschicken z.B. Grusel-Selfie: S. 90	2-3 Wochen vorher
Bastelmaterial einkaufen	1 Woche vorher
Geistergirlande basteln	3-5 Tage vorher
Gästetüten vorbereiten	3-5 Tage vorher
Getränke und Essen einkaufen	2-3 Tage vorher
Schokogespenster und Eiswürfel vorbereiten	1-2 Tage vorher
Essen und Getränke vorbereiten z.B. Pfannkuchentorte mit „Blut" (Himbeersauce): S. 45	am selben Tag

TIPP! Richtig lustig und schaurig wird eine Grusel-Geburtstagsparty erst durch das Outfit der Gäste. Darum sollte bereits in der Einladung stehen, dass die Kinder als Geister, Monster, Zombies oder Aliens erscheinen sollen.

Die Geistergirlande

Das brauche ich

* weiße Papierservietten
* Watte- oder Styroporkugeln (aus dem Bastelladen)
* Kulleraugen oder schwarzen Filzstift
* Kleber
* weißen Zwirn
* spitze Stopfnadel

So geht's

1. Fädelt ein paar Meter Zwirn in eine Stopfnadel.
2. In die Mitte einer Serviette eine Wattekugel legen und das Serviettenpapier darüberziehen. Das Papier fest zusammendrücken, damit es nicht so weit absteht. Nun mit der Nadel durch den Gespensterkopf stechen und so ein Gespenst nach dem anderen in ca. 30 cm Abstand auf die Schnur reihen.
3. Als Augen eignen sich lustige Kulleraugen-Aufkleber. Ein schwarzer Filzstift tut's aber auch.
4. Die Gespenstergirlande wird quer durch den Raum, über die Tür oder an den Eingang gehängt.

Iiiihhhh, leckeres Ekelessen!

Das brauche ich

★ naturtrüben Apfelsaft

★ Mineralwasser

★ Gummiwürmer oder andere Gummitiere

★ Kirschsaft

★ Litschis aus der Dose

★ Blaubeeren

★ Schokoküsse oder Marshmallows

★ Zuckerschrift mit Schokoladengeschmack

★ Zahnstocher

So geht's

1. Mixt Apfelschorle und lasst darin Gummiwürmer schwimmen. Oder ihr friert die Würmer vorher mit Wasser zu Eiswürfeln ein.

2. Steckt in jede Litschi eine Blaubeere. Diese „Augäpfel" lasst ihr jetzt in einer Kirschsaft-Bowle (Saft und Sprudelwasser 2:1) schwimmen.

3. Mit Zuckerschrift aus der Tube werden Schokoküsse und Marshmallows im Nu zu kleinen Gespenstern.

Glibber und Slime

Das brauche ich

★ kleine Flasche Bastelkleber (ohne Lösungsmittel)

★ Standard-Flüssigwaschmittel

★ Lebensmittelfarbe

★ Glitter

★ Schale und Löffel

So geht's

1. Den Kleber in die Schale drücken, dazu kommen ein paar Tropfen Lebensmittelfarbe.

2. Das Flüssigwaschmittel löffelweise hinzugeben und alles miteinander verrühren. Gebt so viel Waschmittel hinzu und rührt so lang, bis sich das Ganze wie ein Kloß vom Schüsselrand löst. Fertig ist der Slime!

3. Auch Glitter, Gummiwürmer, Plastikspinnen und anderes ekliges Zeug eignen sich zum Einrühren und Kneten. Damit der Glibber nicht austrocknet, wird er in einem Schraubglas oder in einer verschlossenen Plastiktüte aufbewahrt.

Party-Girlanden

8-10 Jahre

Das brauche ich

* ★ Krepppapier in verschiedenen Farben oder Seidenpapier
* ★ feste Schnur / Paketband
* ★ Stoffreste
* ★ Schere
* ★ Klebeband
* ★ Klebstoff / Klebestift
* ★ buntes Papier oder Stoffreste

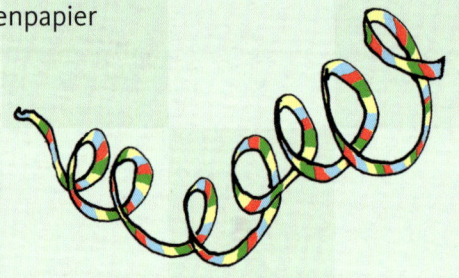

So geht's

Bei der Vorbereitung der Party-Dekoration kann das Geburtstagskind gerne helfen. Hier ein paar einfache und schnelle Varianten.

Scherenschnitt

Schneidet die Krepppapierrollen in 5 cm breite Streifen. Schneidet mit der Schere in die Längsseiten Bögen oder Zacken. Anschließend wird der Streifen auseinandergerollt. Verteilt die geschwungenen oder gezackten Bänder auf dem Tisch oder hängt sie mit Klebeband auf.

Wimpelgirlande

Schneidet gleich große, spitz zulaufende Dreiecke aus buntem Papier aus. Knickt die kurze Seite ca. 1 cm breit um, sodass die Spitze des Dreiecks nach unten zeigt. Legt den Knick um eine feste Schnur und klebt das Dreieck dann fest. Klebt so mit gleichmäßigem Abstand ein Dreieck nach dem anderen an der Schnur fest. Ihr könnt für die Wimpel aber auch bunte Stoffreste verwenden, die klebt oder näht ihr wie beschrieben fest.

Gewickelte Bänder

Schneidet die Krepppapierrollen in 3–5 cm breite Stücke und rollt sie auseinander. Legt nun 2–3 Streifen davon in verschiedenen Farben zusammen. Verdreht die Bänder ineinander. Die aufgedrehten Papierbänder mit Klebeband an der Wand festkleben.

Fransengirlande

Eine Krepppapierrolle wird in 10–15 cm breite Streifen geschnitten. Schneidet in die beiden offenen Seiten mit der Schere dicht an dicht Fransen in das Papier. Achtung: Schneidet nicht zu weit in das Papier hinein, in der Mitte des Papierstreifens müssen noch ein paar Zentimeter stehen bleiben. Die Fransengirlanden werden etwas aufgedreht und mit Klebeband hängend oder quer gespannt aufgehängt.

TIPP! Damit ihr die Girlanden auch wieder verwenden könnt, wickelt ihr sie nach dem Abhängen um ein Stück Pappe. So gibt es keine Verknotungen.

Torten-Topper

8–10 Jahre

Klar, auf einen Geburtstagskuchen kommen traditionell die Geburtstagskerzen. Aber da geht noch mehr.

Das brauche ich

* Holzspieße oder Zahnstocher
* Glitzerpapier oder dünne Pappe
* Puderzucker
* bunte Zuckerstreusel
* Kuchenpinsel
* feste Schnur
* Pfeifenputzer (Bastelladen)

So geht's

Glitzer: Schneidet die Jahreszahl oder andere Motive 2-mal aus Glitzerpapier aus. Klebt beide Teile mit einem Zahnstocher dazwischen aufeinander.

Zuckerstreusel: Schneidet die Jahreszahl oder andere Motive 2-mal aus Pappe aus und klebt beide Teile mit einem Zahnstocher dazwischen aufeinander. Streicht beide Seiten des Motivs mit dickflüssigem Zuckerguss ein und streut kleine Zuckerkügelchen darüber. Den Zucker-Aufsteller steckt ihr in die Torte oder den Geburtstagskuchen.

Pfeifenputzer: Formt aus den Pfeifenputzern Herzchen, Blumen oder kleine Kronen und wickelt die Enden um einen Zahnstocher oder Holzspieß. Schön auf Muffins, Kuchen oder Torten!

Auszeichnungen

Wenn die Kinder an einem spannenden Wettkampf, einer Rallye oder Schnitzeljagd teilgenommen haben, freuen sie sich hinterher auch über eine Auszeichnung.

Das brauche ich

★ Fotokarton oder Bierdeckel

★ Bunt-, Glitzer- oder Goldpapier

★ Klebestift

★ Filzstifte, Marker oder Effektstifte

★ Textilband oder Kordel (aus der Kurzwarenabteilung)

★ Bürolocher

So geht's

1. Beklebt die Pappdeckel mit buntem Papier oder malt sie mit Bastelfarben bunt an. Falls es eine Platzierung gibt, wird noch die entsprechende Zahl aufgeklebt. Sie wird vorher aus Papier zugeschnitten.

2. Ihr könnt euch auch einen passenden Text ausdenken, z. B. „Sieger der großen Garten-Olympiade". Den Text mit dicken Filzstiften aufmalen.

3. Stanzt mit dem Locher noch ein Loch zum Auffädeln in die Pappe. Pro Medaille benötigt ihr ca. 60 cm Band. Fädelt es durch den Schlitz und macht einen Knoten in die Enden.

TIPP! Wer keine Zeit zum Basteln hat, kauft Schokogoldmünzen und klebt auf der Rückseite eine Schlaufe zum Aufhängen auf. Wer am Ende die meisten Goldmünzen auf seiner Kette hat, ist Sieger der Olympiade.

Papp-Spiele

Für ein Fest im Garten lassen sich aus einfachem Pappkarton ein paar gute und schnelle Spielideen umsetzen.

Das brauche ich

★ feste Pappe von z. B. Pappkartons
★ Schere oder Cuttermesser
★ Bastelfarben und Pinsel oder dicke Marker / Filzer
★ kleinen Ball
★ Luftballons

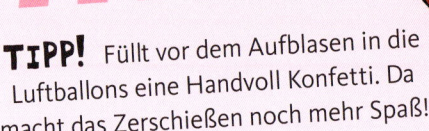

TIPP! Füllt vor dem Aufblasen in die Luftballons eine Handvoll Konfetti. Da macht das Zerschießen noch mehr Spaß!

So geht's

Wurfbox

1. Schneidet ungefähr teller-große Öffnungen in Kartons. Gestaltet die Kartons je nach Zeit und Geschmack mit Bastelfarben schön bunt und lustig, z. B. als Monster mit aufgerissenem Maul; dabei kann das Geburtstagskind gerne helfen.

2. Wenn ihr mehrere Wurflöcher in eine Pappe schneidet, bekommt jedes Loch mit einem dicken Filzer noch eine Punktzahl.

3. Stellt die Kartons auf. Die Kinder stehen hinter einer Startlinie und müssen nun die Löcher mit einem Ball treffen. Die erreichten Punkte werden zum Schluss zusammengezählt.

Die Dart-Wand (nur für draußen)

1. Blast 20–30 Luftballons auf und verknotet das Mundstück.

2. In eine große Pappe wird für jeden Luftballon ein kleines Kreuz mit einem Cutter geschnitten. Durch diese Öffnung je ein Luftballonmundstück durchfädeln und festziehen.

3. Die Pappe mit den Luftballons dann aufstellen oder aufhängen. Die Kinder stehen hinter einer Startlinie und versuchen mit Dartpfeilen die Luftballons zu treffen.

Schokofondue

Das brauche ich

* 3 Tafeln Vollmilchschokolade
* 1 Becher Sahne oder die gleiche Menge Vollmilch
* frische Früchte: Erdbeeren, Himbeeren, Kirschen, Weintrauben, Birnen, Ananas, Bananen, Mandarinen ...

* Marshmallows, Rührkuchen, Waffeln, Kekse oder Löffelbiskuits
* zur Dekoration: Mandelsplitter, bunte Zucker- oder Kokosstreusel
* Holzspieße oder Kuchengabeln

So geht's

1. Schneidet Obst und Kuchen in mundgerechte Stücke.

2. Erhitzt die Sahne in einem Wasserbad auf dem Herd und gebt dann die Schokolade in Stücken hinzu. Schmelzt die Schokolade unter Rühren auf kleiner Flamme. Wer es lieber herber mag, mischt Vollmilch- mit Zartbitter-Schokolade oder gibt einen kleinen Schuss Orangensaft hinzu.

3. Ist die Schokolade vollständig geschmolzen und schön cremig, füllt ihr sie in eine Schüssel. Sie bleibt lange flüssig, ihr könnt sie aber auch über einer Flamme auf einem Stövchen oder Rechaud warm halten.

4. Die Kinder spießen nun Früchte und Kuchen auf und tauchen sie in die Schokosoße. Wer mag, kann anschließend noch Streusel oder Nusssplitter darüberstreuen.

Süße Muffins

8–10 Jahre

Ein lecker-lockeres Grundrezept mit vielen Variationsmöglichkeiten.

Das brauche ich

* 180 g Butter
* 80 g Zucker
* Päckchen Vanillezucker
* 3 Eier
* 1 Prise Salz

* 300 g Mehl
* 1 Backpulver
* etwas Milch
* Muffin-Papierförmchen
* Muffinblech oder ofenfeste Tassen

So geht's

Grundrezept

1. Setzt die Papierförmchen in das Muffinblech. Wenn ihr ofenfeste Tassen als Form verwenden möchtet, müsst ihr sie vorher von innen einfetten.

2. Rührt die Butter mit dem Zucker und Vanillezucker schaumig. Gebt eine Prise Salz, und nach und nach die Eier hinzu. Zwischen jedem Ei mindestens eine Minute rühren.

3. Dann das mit dem Backpulver vermengte Mehl hinzusieben. Damit der Teig nicht zu fest ist, jetzt noch 3–5 EL Milch hinzugeben.

4. Füllt den Teig zu ¾ in die Förmchen und backt die kleinen Kuchen dann bei 180° Umlufthitze ca. 15–20 Minuten lang.

Vorschläge für Variationen

* **Obstmuffins:** 2 Hände voll Blaubeeren, Himbeeren, Kirschen oder Apfelstückchen (lecker: mit etwas Zimt) vorsichtig unterrühren.
* **Schoko-Muffins:** 3 EL dunklen Kakao einsieben und unterrühren.
* **Double Chocolate Muffins:** wie Schoko-Muffins, zusätzlich noch eine Tafel zerkleinerter Schokolade oder Schoko-Tropfen hinzugeben.
* **Überraschungs-Muffin:** Drückt ein kleines Stück Schokolade, Nugat oder weiches Karamell in den eingefüllten Teig.
* **Regenbogen-Muffins:** einzelne Portionen Teig mit ein paar Tropfen Speisefarbe verrühren. In verschiedenfarbigen Schichten in die Förmchen geben.
* **Bunte Punkte:** ein Schälchen bunter Schokolinsen unterrühren …

Schön bunt - Muffindekoration

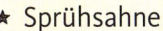
8-10 Jahre

Das brauche ich

- ★ 250 g Puderzucker
- ★ 1 Zitrone
- ★ Lebensmittelfarbe
- ★ Kuvertüre
- ★ bunte Schokolinsen, kleine Lollies, Dragees oder andere Süßigkeiten

- ★ Sprühsahne
- ★ bunte Streusel und andere Zucker-Deko
- ★ farbige Zuckerschrift

So geht's

1. **Einfach und schnell:** Legt eine kleine Papier-Schablone, z. B. ein Herz, eine Zahl oder einen Buchstaben, auf die Muffins und bestreut sie mit Puderzucker. Die Schablone wieder vorsichtig abnehmen.

2. **Glasur:** Rührt 250 g Puderzucker mit 3–4 EL Wasser oder Zitronensaft glatt. Für einen farbigen Guss nehmt ihr etwas weniger Wasser und dazu ein paar Tropfen Lebensmittelfarbe. Den Guss mit einem Backpinsel aufstreichen und nach Geschmack mit Streuseln und Süßigkeiten bestreuen.

3. **Muster:** Ihr könnt auch feine Linien und Muster mit dem Guss zeichnen. Füllt ihn dazu in einen kleinen Gefrierbeutel, schneidet ein kleines Loch in eine Ecke und drückt so Linien und Punkte für Gesichter, Muster oder andere Motive heraus.

4. **Schokoguss:** Schokolade oder Kuvertüre im warmen Wasserbad schmelzen und mit dem Pinsel auftragen.

5. **andere Deko:** Sucht im Dekorationsbedarf nach kleinen Kerzen, Schirmchen und Fähnchen oder bastelt selbst kleine Aufsteller aus Zahnstochern, buntem Papier und etwas Klebstoff.

TIPP! Besonders viel Spaß haben Kinder mit Sprühsahne – vorausgesetzt, sie dürfen die Dose selbst betätigen.

Kinder-Sushi

8–10 Jahre

Das brauche ich

- ★ Sandwichtoast
- ★ Frischkäse
- ★ Frühlingszwiebeln
- ★ Käsescheiben

- ★ Kochschinken oder Geflügelbrust
- ★ Salatgurke
- ★ Möhre
- ★ Salat

So geht's

Super praktisch und einfach lecker: Sandwich-Sushi-Rollen sind genau das Richtige für den Kindergeschmack. Wie ihr die Rollen füllt, ob vegetarisch oder mit Fleisch, ist ganz dem jeweiligen Kindergeschmack überlassen. Wichtig ist nur ein cremiger Aufstrich als Grundlage, der die Rollen zusammenhält.

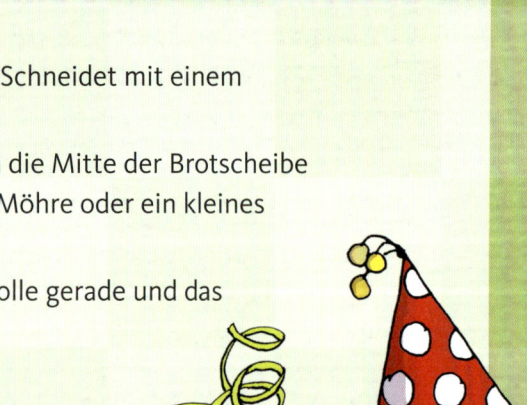

1. Schneidet 2–3 Frühlingszwiebeln in kleine Streifen und rührt sie mit etwas Salz unter eine Packung Frischkäse.

2. Schneidet Möhren und Salatgurke in schmale Stifte. Schneidet mit einem scharfen Messer die Kanten des Brots ab.

3. Streicht die Frischkäsecreme auf das Brot und legt in die Mitte der Brotscheibe Käse oder Schinken, dazu noch je einen Stift Gurke, Möhre oder ein kleines Salatblatt.

4. Rollt das Brot zusammen. Schneidet die Enden der Rolle gerade und das gerollte Brot in drei gleich dicke Scheiben.

TIPP! Die Sandwich-Rollen schmecken auch mit „Erwachsenen-Füllung" wie Frischkäse-Lachs, Rucola-Schinken, Salat und Avocado-Creme …

DO-it-yourself-Burger

Burger kommen bei Kindern immer gut an – und „Selbermachen" sowieso. Darum lasst sie doch selbst ihr Lieblingsgericht zusammenstellen.

Das brauche ich

für 6 Personen

- ★ 500 g Rinderhack
- ★ Salz
- ★ Pfeffer
- ★ 6 Hamburger-Brötchen
- ★ 2 Tomaten
- ★ 2 Zwiebeln
- ★ ½ Salatgurke
- ★ 3 Gewürzgurken
- ★ 6 Scheiben Käse
- ★ Ketchup
- ★ Salatblätter
- ★ Senf

So geht's

1. Würzt das Hackfleisch mit Salz und Pfeffer und verknetet alles gut mit einer klein gehackten Zwiebel. Formt daraus 6 runde und flache Burger.

2. Verteilt an alle Kinderköche Holzbretter, Messer und Schälchen. Jetzt geht's an die Arbeit:

   - Salat waschen, trocken schleudern und in Stücke zupfen
   - Tomaten waschen und in Scheiben schneiden
   - eine Zwiebel schälen, halbieren und in dünne Ringe schneiden
   - Gurke waschen, schälen und in Scheiben schneiden
   - Gewürzgurken in Scheiben schneiden
   - Käse in Scheiben schneiden
   - Brötchen aufschneiden
   - Ketchup und Senf in kleine Schälchen geben

3. Während die Kinder mit Schnippeln beschäftigt sind, erhitzt ihr Öl in einer Pfanne und bratet die Burger darin von jeder Seite ca. 5 Minuten lang. Bei einer Gartenparty wird das Fleisch natürlich gegrillt. Die Brötchenschnittflächen röstet ihr dann auch noch kurz auf dem Grill.

4. Jetzt können sich die Kinder aus allen Zutaten ihren Wunschburger zusammenstellen.

Selbst gemachte Lutscher

Das brauche ich

★ harte Frucht- oder Karamellbonbons
★ Lutscherstiele (Cake-Pop-Stiele)
★ Backpapier

So geht's

1. Heizt den Ofen auf 250 Grad Umluft vor.

2. Legt ein Backblech mit Backpapier aus und wickelt die Bonbons aus. Für einen Lutscher werden nun 3–4 davon dicht nebeneinander in verschiedenen Formen auf das Blech gelegt. Zwischen den einzelnen Reihen muss immer auch etwas Platz bleiben.

3. Schiebt das Blech für ca. 10 Minuten in den Ofen. Achtet darauf, dass die süße Masse nicht zu weit auseinanderläuft. Holt nun das Blech heraus und drückt die Stiele vorsichtig in die weichen Bonbons. Anschließend kommen die Lutscher noch einmal für 2 Minuten in den abgeschalteten Ofen.

4. Lasst die Lutscher ca. 10 Minuten auskühlen, bevor es ans Naschen geht. Sie lassen sich dann leicht vom Backpapier abziehen. Stellt die Lollies zum Naschen in eine Schale mit Zucker oder in den Kuchen.

Konfetti-Stoffdruck

Das brauche ich

* ★ für jedes Kind ein weißes T-Shirt oder einen Jutebeutel
* ★ Stoffmalstifte
* ★ Fotokarton
* ★ Doppelklebeband
* ★ Scheren
* ★ Bügelbrett und Bügeleisen

So geht's

Die zu bedruckenden T-Shirts oder Taschen wascht ihr ein paar Tage vorher, dann haftet die Farbe besser. Legt die Arbeitsfläche zum Schutz glatt mit Zeitungen oder Pappe aus.

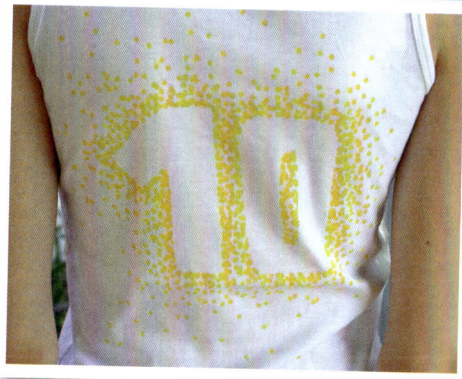

1. Jedes Kind schiebt in sein T-Shirt oder seine Tasche ein glatt zusammengefaltetes Zeitungsblatt. Dieses verhindert, dass auch die Rückseite eingefärbt wird.

2. Jetzt zeichnet jeder seinen Namen (oder nur den 1. Buchstaben davon), sein Alter oder die Nummer des Lieblingsfußballspielers auf Fotokarton vor und schneidet diese Vorlage aus. Mit ein paar Streifen Doppelklebeband wird das Motiv auf dem T-Shirt oder der Tasche fixiert.

3. Tupft jetzt dicht an dicht einfarbige oder auch bunte Punkte mit den Stoffmalstiften rund um euer Motiv auf den Stoff. Zieht anschließend das aufgeklebte Motiv wieder ab und die Zeitung heraus.

4. Die meisten Stofffarben müssen anschließend noch durch Bügeln fixiert werden, dafür die Anleitung auf der Verpackung beachten.

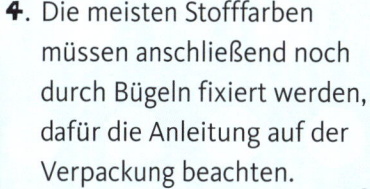

77

Steine schnitzen

Das brauche ich

- ★ Porenbetonsteine aus dem Baumarkt
- ★ Säge (z. B. Fuchsschwanz)
- ★ Bleistifte
- ★ Schraubenzieher

- ★ Feilen
- ★ kleinen Hammer
- ★ grobes Sandpapier

So geht's

Porenbetonstein ist so weich, dass man ihn ganz einfach mit Schraubenziehern, Feilen und Schmirgelpapier bearbeiten kann. So gestalten die Kinder daraus einfache Formen wie Herzen, Schilder, Schalen oder kleine Kunstwerke.

1. Vorbereitung: Die Arbeit sollte draußen im Garten an stabilen Tischen stattfinden, denn es wird staubig. Legt Pappe oder ein Wachstischtuch unter. Sägt den Stein für die Kinder ggf. vorher in kleinere Stücke.

2. Die Kinder legen den Stein vor sich auf den Tisch und zeichnen ein Motiv ihrer Wahl auf. Alles, was außerhalb der Umrisse der gewünschten Form ist, wird mit Schraubenzieher und Hammer oder aber mit der Feile abgetragen. Den Schraubenzieher dabei wie einen Keil verwenden, auf den Stein setzen und vorsichtig mit dem Hammer auf den Stiel klopfen, bis sich Material löst. Die Feile auf dem Stein immer vor und zurück bewegen und so das überschüssige Material wegschleifen.

3. Rillen, Muster und Strukturen werden direkt mit dem Schraubenzieher hineingekratzt oder gebohrt. Wenn der Stein seine Form hat, können die Kinder noch mit Sandpapier Korrekturen vornehmen. Wer mag, malt sein Kunstwerk anschließend noch mit Bastelfarben an.

Glasmalerei

Das brauche ich

* ★ Gläser: Schraubgläser, Flaschen, Einmachgläser ...
* ★ Fenstermalfarben (aus dem Bastelladen)
* ★ Konturenfarbe
* ★ weiche Bleistifte
* ★ Fön

So geht's

1. Sammelt Gläser und Flaschen aus dem Altglas.

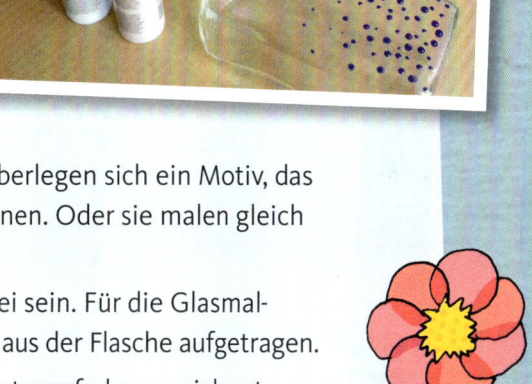

2. Je nach Form und Größe werden daraus dann Stiftehalter, Teelichter, Vasen, Bonbongläser, Aufbewahrungsgläser, Spardosen oder auch Trinkgläser. Was genau, entscheiden die Kinder. Die überlegen sich ein Motiv, das sie mit einem weichen Bleistift auf dem Glas vorzeichnen. Oder sie malen gleich drauflos.

3. Der Untergrund zum Bemalen muss sauber und fettfrei sein. Für die Glasmalfarben werden keine Pinsel benötigt; sie werden direkt aus der Flasche aufgetragen.

4. Zunächst werden die Konturen des Motivs mit der Konturenfarbe gezeichnet. Diese muss erst trocknen, mit dem Fön kann etwas nachgeholfen werden.

5. Nun werden die Innenflächen mit Farbe ausgefüllt. Zum Schluss alles gut trocknen lassen.

TIPP! Wer lieber Porzellan bemalen möchte, braucht dafür Porzellanmalfarben. Die gibt es in Farbtöpfen zum Aufmalen mit dem Pinsel, aber auch als Porzellanmalstifte. Achtet auf die Gebrauchsanweisung, manche Farben sind nach einigen Tagen spülmaschinenfest, andere müssen erst im Backofen eingebrannt werden.

Blechdosen-Roboter

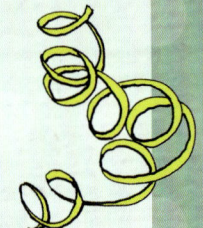

8–10 Jahre

Das brauche ich

★ für jedes Kind eine Konserven-Blechdose
★ Kronkorken und Korken
★ Schrauben, Muttern, Unterlegscheiben
★ Pfeifenputzer
★ Draht
★ ggf. Kulleraugen (Bastelladen)

★ Hammer
★ großen Nagel
★ Drahtzange
★ Kraftkleber
★ Holzbrett

So geht's

Wie die Kinder den Roboter gestalten, ist ganz ihrer Fantasie überlassen. Stellt ausreichend Recycling-Material und Werkzeug zur Verfügung und assistiert den Bastlern, wenn nötig.

1. Schützt die Arbeitsfläche mit einer robusten Pappe oder einem Wachstuch.

2. Um Löcher für Arme und Beine in die Dose zu bekommen, wird die Dose auf ein Holzbrett gelegt und mit Nagel und Hammer ein Loch in die gewünschte Stelle geschlagen. Auch Kronkorken und andere Deckel werden auf diese Weise durchstochen und können dann auf einen Draht gefädelt werden.

3. Die auf Draht gefädelten Gliedmaßen werden durch die Ansatzlöcher gefädelt und der Draht so verbogen, dass er nicht wieder herausrutschen kann.

4. Alles andere – Augen, Mund und Knöpfe, wird auf diese Weise entweder auch mit Draht befestigt oder mit einem starken Kleber direkt auf die Dose geklebt.

5. Für Antennen wickeln die Kinder den Draht mehrmals um einen Stift und ziehen den Spiraldraht dann ab.

TIPP! Wer es schön bunt mag, beklebt den Roboter noch mit buntem Klebeband und Folien oder bemalt ihn mit Bastelfarben.

Garten-Kegeln

Das brauche ich

* 9–12 leere Kunststoffflaschen
* Bälle
* Acryl- oder Bastelfarbe, buntes Klebeband oder Lebensmittelfarbe
* Sand oder Wasser
* Trichter oder Karaffe

So geht's

Die Kegel können auch von den Kindern selbst gebastelt werden. Soll es schneller gehen, bereitet ihr die Kegel am besten schon ein paar Tage vorher vor. Dann kann sofort losgekegelt werden!

1. Damit die Flaschen standfest sind, werden sie zu einem Drittel entweder mit Sand oder Wasser befüllt und wieder zugeschraubt.

2. Wer die Flaschenkegel nur für einen Geburtstag verwenden möchte, löst etwas Farbe in dem eingefüllten Wasser auf. Wer dauerhaft damit spielen möchte, gestaltet die Flaschenkegel bunt von außen. Malt sie entweder an oder beklebt sie mit buntem Klebeband.

So wird gespielt

Zum Kegeln sucht ihr euch eine ebene Fläche im Garten oder Park. Stellt die Kegel zu einem Dreieck auf. Ihr könnt die Bahn noch seitlich durch Krepp- oder Bauabsperrband markieren. Legt in 5–10 m Entfernung die Startlinie fest und kegelt jetzt der Reihe nach drauflos.

TIPP! Wenn die Kegel noch von 1 bis 9 durchnummeriert werden, kegelt ihr nach Punkten. Einer der Spieler notiert den Punktestand von allen Mitspielern. Wer am Ende die meisten Punkte hat, ist der Kegelkönig und bekommt eine kleine Medaille (S. 69).

Wasserspiele

8–10 Jahre

Wenn die Geburtstagsparty an einem heißen Sommertag im Garten stattfindet, sind Wasserspiele ein Muss! Am besten bringen die Kinder gleich ihre Badesachen mit ...

Das brauche ich

* Wasserpistolen oder mit Wasser gefüllte Luftballons
* leere PET-Flaschen und Pappbecher
* Tisch
* Plastikeimer
* Schalen oder Becher
* kleine Luftballons
* Schwämme
* Wasser

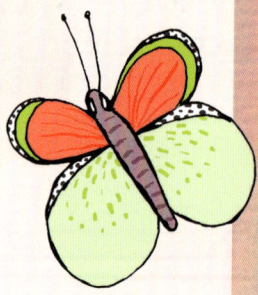

So geht's

Dosenschießen

Auf einem Tisch werden nebeneinander leere Plastikflaschen oder Pappbecher aufgestellt und gestapelt. Testet zunächst die Reichweite der Wasserpistole und legt entsprechend die Startlinie fest. Jeder Spieler hat drei Schuss. Ihr könnt aber auch mit kleinen wassergefüllten Luftballons werfen.

Wasser reichen

Alle Kinder bekommen Plastikbecher und stellen sich damit in einer Reihe auf. Der Becher des ersten Kindes in der Reihe ist mit Wasser gefüllt. Es muss nun vorsichtig das Wasser über Kopf in den Becher des nächsten in der Reihe gießen; möglichst so, dass nichts daneben geht. So geht es immer weiter bis zum letzten Kind in der Reihe. Besonders lustig ist es, wenn zwei Teams gegeneinander antreten. Das Team, das am Ende mehr Wasser im Becher hat, gewinnt.

Schwamm drüber

Es gibt einen vollen und einen leeren Eimer mit Wasser. Dazwischen stehen die Kinder in einer Schlange. Mit einem Schwamm nimmt das erste Kind der Reihe Wasser aus dem Eimer auf, gibt ihn an das nächste Kind weiter und so fort. Das letzte Kind in der Schlange drückt das Wasser in den leeren Eimer aus. Der leere Schwamm wandert für die nächste Runde wieder zum ersten Kind, so lange, bis der Wassereimer leer ist.

Auch hier können die Kinder in 2 Gruppen gegeneinander antreten.

Flüsterpost

8-10 Jahre

So geht's

1. Die Kinder stehen oder sitzen im Kreis, das Spiel kann aber auch am Tisch beim Kuchenessen gespielt werden. Ein Kind denkt sich ein Wort aus (nicht zu einfach) und flüstert es seinem Nachbarn ins Ohr. Der wiederum flüstert es dem Nachbarn auf der anderen Seite zu und so weiter.

2. Das letzte Kind in der Runde darf dann sagen, was bei ihm angekommen ist. Je mehr Kinder mitspielen, desto mehr geht von dem ursprünglichen Wort verloren – und desto lustiger wird es.

3. Steigert nach einer Weile die Schwierigkeitsstufe und flüstert einen ganzen Satz, den ihr euch entweder ausdenkt oder aus einem Buch oder einer Zeitung ablest.

Spielvariante

- Das Spiel kann auch mit pantomimisch dargestellten Begriffen gespielt werden. Ein Kind spielt einem anderen eine Tätigkeit vor, zum Beispiel „Brot schmieren", „Fahrrad fahren" oder „Trampolin springen", während alle anderen Kinder sich umdrehen müssen.

- Jetzt spielt das zweite Kind dem dritten das Gesehene vor und so weiter. Das letzte Kind in der Reihe darf raten, um welche Tätigkeit es sich dabei gehandelt hat.

83

Suchen und rätseln

Das brauche ich

★ Zeitschriften
★ Magnet- oder Pappbuchstaben, Buchstabenkekse etc.
★ Klebeband
★ Schere
★ Taschenlampen

So geht's

Für das Spiel benötigt ihr viele verschiedene Buchstaben.

1. Denkt euch ein Wort aus und schneidet die einzelnen Buchstaben des Wortes aus Zeitschriften aus. Ihr könnt aber auch die Buchstaben von einem Scrabble-Spiel verwenden oder was ihr sonst zur Hand habt. Noch raffinierter ist es, Buchstaben aus Streichhölzern oder Stiften zu legen ...

2. Versteckt alle Buchstaben des Wortes im Zimmer (z. B. hinter Pflanzen, im Regal, unterm Sofa).

3. Die Kinder machen sich nun gemeinsam auf die Suche. Gebt ihnen zur Hilfestellung einen Zettel mit dem ersten Buchstaben des gesuchten Worts und der Anzahl der noch folgenden Buchstaben, sowie einen Stift und eine Taschenlampe zum Ausleuchten dunkler Ecken mit.

4. Die Kinder suchen, bis sie alle Buchstaben gefunden haben. Jetzt geht es ans Rätseln: Wie könnte das gesuchte Wort lauten? Das Ergebnis wird auf den Zettel geschrieben.

Die Gäste können auch in zwei Gruppen gegeneinander antreten. Eine Gruppe denkt sich ein Wort aus und versteckt die Buchstaben, die andere muss suchen. Danach wird getauscht.

TIPP! Dieses Spiel macht besonders viel Spaß im Dunkeln und eignet sich deshalb gut für eine Übernachtungsparty.

Klamotten-Wettlauf

Ein Riesenspaß! Der XXL-Klamottenlauf ist eine Variation vom Sackhüpfen. Gehüpft und gerannt wird draußen auf dem Rasen, da fällt man schön weich …

Das brauche ich

★ ausrangierte Kleidung von Opa, Oma, Papa oder Mama: Hosen, Hemden, Jacken, Mützen, Schuhe – Hauptsache zu groß

★ Start- und Zielmarkierungen, z. B. Absperrband

So geht's

1. Durchforstet am besten ein paar Tage vorher die Kleiderschränke nach alten Klamotten. Ihr braucht Kleidungsstücke für mindestens zwei komplette Outfits inklusive Schuhen.

2. Legt eine Rennstrecke mit Start- und Zielpunkt fest und markiert diese mit Absperrband oder einer gut sichtbaren Schnur. Die Strecke kann auch in Kurven und um Hindernisse herum verlaufen.

3. Die Kinder werden in zwei Gruppen eingeteilt, immer zwei davon treten gegeneinander an. Sie werden von Kopf bis Fuß in die viel zu großen Kleidungsstücke eingekleidet. Große Hüte, Taschen oder Schuhe machen das Rennen noch schwerer …

4. Auf Los geht's los. Die Schwierigkeit besteht nun darin, möglichst schnell und ohne zu stolpern ins Ziel zu kommen.

Detektivparty

Was?	Wann?
Einladungskarten basteln und verschicken	2–3 Wochen vorher
Spiele vorbereiten, Fotos machen und ausdrucken z.B. Suchen und rätseln: S. 84, Fühlen – tasten – raten: S. 30	2–3 Tage vorher
Deko basteln z.B. Tischdecke: S. 17, Torten-Topper: S. 68, Gästetüten: S. 44, Auszeichnungen: S. 69	2–3 Tage vorher
Getränke/Essen einkaufen	2–3 Tage vorher
Raum dekorieren (s.u.)	1 Tag vorher
Essen vorbereiten z.B. Mini-Häppchen: S. 21, Torte im Glas: S. 47, Pizza-Muffins: S. 48	1 Tag vorher bzw. am selben Tag

Der eigene Detektiv-Ausweis

Die Einladungskarte ist gleichzeitig auch Detektivausweis und wird zur Party mitgebracht.

Das brauche ich

★ Ausweis-Anhänger (Bürobedarf) mit oder ohne Schutzhülle
★ festes Papier
★ Kopierer
★ kleinen Stempel oder Punktaufkleber
★ Stempelkissen
★ Schablone Nr. 11

So geht's

1. Kopiert für jedes Kind einen Ausweis (s. Vorlage) und schneidet ihn aus. Auf die Rückseite schreibt ihr den Einladungstext mit den relevanten Daten.

2. Die vorgedruckten Felder auf der Vorderseite füllt jeder Detektiv selbst für sich aus und klebt oder malt noch ein Passfoto bzw. Bild von sich ein.

3. Für jedes geknackte Rätsel bekommt er dann auf der Party einen Stempelabdruck oder Aufkleber.

Tatort Kindergeburtstag

Das brauche ich

★ Absperrband (Baumarkt)
★ schwarzes Tonpapier
★ Schere
★ Doppelklebeband
★ Schuh

So geht's

1. Klebt Absperrband an die Wände oder auch mal quer durch den Raum.
2. Zeichnet den Umriss eines Schuhs mehrmals auf Pappe ab und schneidet sie aus. Klebt mit etwas Doppelklebeband eine Fußabdruck-Spur auf den Boden oder auf eine Papiertischdecke (S. 17).

Deko

Detektiv-Memospiel

Das brauche ich

★ Tablett
★ Tuch
★ ca. 20 kleine Gegenstände
★ Papier und Stifte

So geht's

1. Legt die Gegenstände auf ein Tablett. Deckt alles mit einem Tuch ab.
2. Lüftet das Tuch für 30 Sekunden. Die Detektive müssen sich jetzt alle merken und anschließend auf ein Papier schreiben, was sie gesehen haben.
3. Variante: Die Detektive prägen sich Gegenstände und Möbelstücke in einem Raum gut ein. Anschließend werden einige Dinge minimal verändert oder verrückt. Finden die Detektive die Veränderungen heraus?

Spiel

Achtung – Laserstrahlen

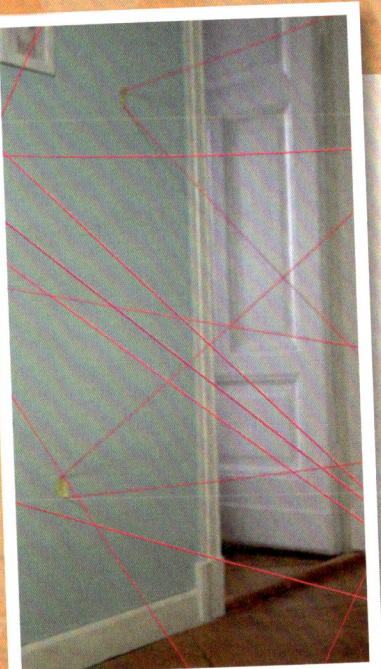

Das brauche ich

★ Wollfaden   ★ Malerkrepp

So geht's

1. Spannt einen Wollfaden kreuz und quer durch den Flur und klebt ihn mit Klebeband an den Seiten und Wänden fest. Lange, schmale Flure eignen sich besonders für dieses Spiel.
2. Die Fäden sind Laserstrahlen, die man auf keinen Fall berühren darf. Also müssen sich die Detektive vorsichtig verbiegen, kriechen und robben, um durch den Flur hindurch zu kommen.
3. Wer den Faden berührt, muss wieder von vorne anfangen. Ihr könnt den Schwierigkeitsgrad auch von Mal zu Mal steigern. Es kommen dann immer mehr Fäden hinzu.

Spiel

Modenschau

Was?	Wann?
Einladungen basteln und verschicken	2–3 Wochen vorher
Kleidungsstücke sammeln und bereitlegen z. B. aufgehängt an Garderobenständer	einige Tage vorher
Raum dekorieren Girlanden: S. 66, Geburtstagstisch: S. 16	1 Tag vorher
Partyaktionen vorbereiten	1 Tag vorher
Büfett und Getränke z. B. Sushi-Sandwiches: S. 74, Frucht-Smoothies: S. 46	am Abend vorher, frisch zubereiten

Wer hat die schönste Kollektion?

Das brauche ich

★ jede Menge bunte, verrückte oder alte Kleidungsstücke von Mama, Freunden, Geschwistern …

★ modische Accessoires: Tücher oder Stoffe, Kreppklebeband, Modeschmuck, Taschen, Gürtel, Strumpfhosen oder Leggings …

★ Musik

So geht's

1. Die Kinder stellen sich ihre eigene Kollektion aus den Kleidungsstücken zusammen; sie können sich gerne dabei gegenseitig helfen und beraten.

2. Wenn die Kleidungsstücke zu groß sind, werden sie mit Gürteln oder auf dem Rücken mit Klebeband passend gemacht. Durch Tücher, Taschen und Schmuck wird das Styling abgerundet.

3. Die Show: Flur oder Wohnzimmer dienen als Catwalk. Die Kinder legen ihre Lieblingsmusik auf und präsentieren ihre Mode. Zum Schluss kann das schönste oder das originellste Outfit gekürt werden.

Foto-Shooting

Das brauche ich

★ Kosmetik: Nagellack, Lippenstifte, Rouge, Lidschatten ...
★ Frisierutensilien: Kamm, Bürste, Haarbänder / -spangen etc.
★ Handy oder Kamera

So geht's

Die Kinder schminken sich selbst oder gegenseitig. Auch die Haare werden noch schön gestylt. Anschließend posiert jedes „Model" für Fotos. Wer hat das schönste oder lustigste Foto? Zum Schluss gibt es noch ein Gruppenfoto mit allen.

TIPP! Kauft im Kaufhaus ein günstiges Schminkset oder gleich einen gefüllten Schminkkoffer (um die 10 €). Lasst die teuren Kosmetika unter Verschluss.

Partyaktion

Beauty & Wellness

Ist die Show vorbei, kommt das Beauty- und Wellnessprogramm. Auf einer Übernachtungsparty ist dafür auf jeden Fall noch Zeit.

Das brauche ich

★ Wattepads
★ Make-up-Entferner
★ 250 g Quark
★ 3 EL Sahne
★ 1 EL Honig
★ 1 Banane

So geht's

Bevor es ans Auftragen der Masken geht, müsst ihr natürlich euer Modell-Make-up gründlich entfernen!

Quarkmaske: Einen Becher Quark mit einem Löffel Honig und zwei Löffeln Sahne verrühren und die Maske auf dem Gesicht verteilen, die Augen dabei aussparen.

Bananenmaske: Eine Banane und ein paar Löffel Sahne zerquetschen und verrühren. Die Maske auftragen, dabei die Augen aussparen.

Nach einer halben Stunde werden die Masken mit viel lauwarmem Wasser wieder abgewaschen.

In der Zwischenzeit macht man es sich mit Popcorn bei einem tollen Film gemütlich.

Partyaktion

Fotoparty

Was?	Wann?
Einladungen basteln und verschicken	2–3 Wochen vorher
Rätselfotos machen und ausdrucken	2–3 Tage vorher
Bastelmaterial besorgen	2–3 Tage vorher
Getränke und Essen einkaufen	2–3 Tage vorher
Essen vorbereiten	1 Tag vorher bzw. am selben Tag

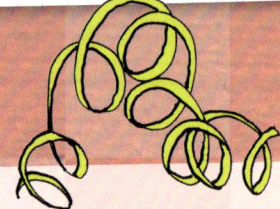

Coole Foto-Einladungskarten

Das brauche ich

★ Smartphone
★ Computer
★ Foto / Selfie vom Geburtstagskind
★ Bildbearbeitungs-programm oder App
★ Schere
★ Klebstoff
★ Druckerpapier

So geht's

1. Mit Computer oder Smartphone gestaltet ihr tolle, persönliche Einladungskarten. Experimentiert mit Verfremdungseffekten (verzerren, verfärben etc.) und sucht das beste Ergebnis heraus. Mit dem Bildbearbeitungsprogramm kann passend zum Foto ein Spruch und der Einladungstext eingefügt werden.

2. Wer einen Farbdrucker hat, kann die Bilder gleich in Postkartengröße ausdrucken. Ansonsten lasst ihr sie im Copyshop oder Fotofachgeschäft in der benötigten Anzahl ausdrucken.

3. Anschließend werden Text und Bild zu einer Einladungskarte montiert: Klebt das Foto auf die Rückseite des Textes und schneidet das überstehende Papier rundherum ab.

Selfie- Fotostudio

Partyaktion

Das brauche ich

- ★ weiße Pappe
- ★ breites Malerkrepp
- ★ lange Holzspieße
- ★ Hüte und Mützen

- ★ Sonnenbrillen, Modeschmuck
- ★ Perücken, aufklebbare Bärte
- ★ Masken
- ★ Smartphone oder Tablet

Spaghetti-
iiiiiiii!

So geht's

1. Sucht euch einen ruhigen Hintergrund für die Bilder. Auf den Selfies versucht nun jeder, jemand anderes zu sein, und bedient sich dafür am Requisitenfundus.

2. Fotografiert euch mit dem Handy oder Tablet: alleine, zu zweit oder als Gruppe. Je schräger die Gesichter und Posen – desto lustiger. Mit einer App könnt ihr die Bilder mit allen möglichen Effekten noch kinderleicht verfremden.

3. Druckt für jeden Geburtstagsgast ein paar Bilder zum Mitnehmen aus.

TIPP! Schneidet Sprech- oder Gedankenblasen aus Pappe aus und schreibt dort einen witzigen Spruch passend zur Kostümierung hinein. Für das Foto-Shooting klebt ihr den Spruch zum Hochhalten mit Klebeband an einen Holzspieß oder Kochlöffel.

Das große Fotorätsel

Das brauche ich

- ★ Kamera bzw. Handys mit Fotofunktion
- ★ Farbdrucker
- ★ Briefumschläge

So geht's

Spiel

1. Ihr fotografiert ca. 15–20 Gegenstände oder Plätze in der Wohnung oder im Garten. Dabei sollen die Dinge nicht auf den ersten Blick zu erkennen sein, z. B. durch starke Vergrößerung, einen ungewohnten Blickwinkel oder indem ihr nur einen kleinen Ausschnitt fotografiert. Achtet darauf, dass ihr die Orte und Dinge bis zum Geburtstag nicht verändert!

2. Druckt die Bilder aus und steckt sie in einzelne Umschläge.

3. Gebt den Kindern für die Suche ein Handy und die Umschläge mit. Von jedem gefundenen Gegenstand machen sie ein „Beweisfoto".

Bibliografische Information der Deutschen Nationalbibliothek:
Die Deutsche Nationalbibliothek verzeichnet diese Publikation in der
Deutschen Nationalbibliografie. Detaillierte bibliografische Daten
sind im Internet über http://dnb.d-nb.de abrufbar.

3 2 1   C B
© 2016 Ravensburger Buchverlag Otto Maier GmbH
Postfach 1860, 88188 Ravensburg

Text und Fotos Marlies Schiller
Illustrationen Heike Herold
Umschlag Maria Seidel, atelier-seidel.de
Satz Katrin Kleinschrot

Printed in Germany

ISBN 978-3-473-55315-0

www.ravensburger.de